Inhaltsverzeichnis

1 Die Grammatik im Überblick

Das griechische Wort *gramma* bedeutet ‚Buchstabe'; dazu gehört das lateinische *ars grammatica* (= ‚Sprachlehre'). *Grammatik* in der Bedeutung ‚Lehrbuch der Grammatik' kennt man seit 1524, also seit der Lutherzeit.

Die Wörter der Sprache		**... in Sätzen**		**... in Texten**
Wortschatz	**Wortlehre**	**Satzlehre I**	**Satzlehre II**	**Text**
Viele 100000 Wörter • mit Bedeutungen über Welt und Wirklichkeit Lebewesen Dinge und Sachen Sachverhalte Tatbestände Gedanken und Begriffe Träume Fantasien Erinnerungen • ständiger Wandel und Zuwachs – Fremdwörter aus anderen Sprachen – Umdeutung Bedeutungswandel Bedeutungsübertragung – Wortbildung durch Zusammensetzung durch Ableitung	**10 Wortarten** • flektiert (gebeugt) Verb (Tätigkeitswort) Nomen/Substantiv (Hauptwort) Adjektiv (Eigenschaftswort) Pronomen (Fürwort)* Artikel (Geschlechtswort) Numerale (Zahlwort)* • unflektiert (ungebeugt) Adverb (Umstandswort) Präposition (Verhältniswort) Konjunktion (Bindewort) Interjektion (Ausrufewort) • Wortartwechsel – durch Satzbau – durch Wortbildung * manche sind unflektiert	**Satzglieder** • Subjekt (Satzgegenstand) *wer? was?* • Prädikat (Satzaussage) *was geschieht?* • Objekt (Ergänzung) – Akkusativobjekt (Ergänzung im 4. Fall) *wen? was?* – Dativobjekt (Ergänzung im 3. Fall) *wem?* – Genitivobjekt (Ergänzung im 2. Fall) *wessen?* – Präpositionales Objekt (Ergänzung mit Verhältniswort) *auf wen? für was?* • Adverbiale Bestimmung (Umstandsbestimmung) *wo? wann? wie? warum?* • Attribut (Beifügung) Erweiterung eines nominalen Satzgliedes *was für ein?* • Prädikativ Ergänzung des Prädikats bei *sein, werden, bleiben* *wie ist? was ist?* **Stellung der Satzglieder** • Wortstellung bei der Personalform des Verbs und der Prädikatsklammer • Stellung des Subjekts • unterschiedliche Stellung bei verschiedenen Satzarten	**Satzbaupläne** • einfacher Satz notwendige Satzglieder erweitert durch weglassbare Satzglieder • Kurzsatz (Satzellipse) grammatisch unvollständig • komplexer Satz – Satzreihe gleichgeordnete Sätze – Satzgefüge Hauptsatz mit untergeordnetem Gliedsatz (Nebensatz) **Satzarten** • Aussagesatz Mitteilungssatz • Aufforderungssatz Befehlssatz, Wunschsatz • Fragesatz Entscheidungsfrage Ergänzungsfrage (= W-Frage) **Betonung** als Bedeutungsträger beim Sprechen **Satzschlusszeichen** als Bedeutungsträger beim Schreiben	**Sätze im Text** lateinisch *textus* = Gewebe, Geflecht, Verbindung, Zusammenhang Stammwort ist *textere* = weben, flechten, kunstvoll zusammenfügen Vom gleichen Stammwort kommt auch ‚Textil' = Gewebe, Tuch. *Lieber Ulrich,* *gestern waren wir im Zoo.* *Wir wollten zu den Pinguinen, doch du wirst es nicht glauben, die kamen zu uns. Gerade gingen wir am Giraffenhaus vorbei, als eine ganze Schar dieser putzigen, schwarz-weißen Kerlchen den Weg heruntergewatschelt kam.* *Mit ihren Stummelflügelärmchen ...*

2 Die Wortarten im Überblick

flektiert (gebeugt)						unflektiert (ungebeugt)			
konjugiert	**dekliniert**								
Verb	**Nomen** **Substantiv**	**Pronomen** **Pronomina**	**Artikel**	**Adjektiv**	**Numerale*** **Numeralia**	**Adverb** **Adverbien**	**Präposition**	**Konjunktion**	**Interjektion**
Tuwort Tätigkeitswort Zeitwort	Namenwort Hauptwort Dingwort	Fürwort	Geschlechts- wort	Eigenschafts- wort Wiewort	Zahlwort	Umstandswort	Verhältniswort Fügewort	Bindewort	Ausrufewort
sprechen *schreiben* *lesen* *hören* **Konjugation** * Person 1. 2. 3. * Numerus Singular Plural * Modus Indikativ Konjunktiv Imperativ * Aktiv Passiv * Tempus Präsens Präteritum Perfekt Plusquam- perfekt Futur I Futur II	*Nacht, Mensch* *Mann, Frau* *Bäcker, Freundin* *Achtung* *Freiheit* **Deklination** * Genus Maskulinum Femininum Neutrum * Numerus Singular Plural * Kasus Nominativ Genitiv Dativ Akkusativ	* Personal- pronomen *ich, du* *er, sie, es* *wir, ihr, sie* * Possessiv- pronomen *mein, dein* *sein, ihr* *unser, euer* *ihr* * Demonstrativ- pronomen *dieser, jener* * Relativ- pronomen *der, die, das* *welcher,* *welche,* *welches* * Interrogativ- pronomen *wer, was* *wem, wen* * Indefinit- pronomen *man, alle* *viele*	* bestimmt *der* *die* *das* * unbestimmt *ein* *eine* *ein*	*gut* *schön* *biegsam* *glücklich* *fleißig* **Steigerung** * Komparativ *besser* *schöner* * Superlativ *beste* *schönste*	* Kardinalzahl *eins* *zwei* *tausend* * Ordinalzahl *erste* *zweite* *tausendste* * Wiederholungs- zahl *einfach* *dreifach* *tausendfach* *einmal* * Bruchzahl *drittel* *Drittel* *zehntel* *Zehntel* * nicht alle sind deklinierbar	*nicht* *sehr* *so* *oft* *dort* *bald* *vergebens* *glücklicherweise* * Kardinalzahl *eins* *zwei* *tausend*	*an* *auf* *in* *über* *unter* *vor* *zwischen* *mit* *für* *bei* *entgegen*	* nebenordnend *und* *oder* *denn* *aber* *sowohl …* *als auch* * unterordnend *dass* *weil* *nachdem* *obwohl*	*Au!* *Ha!* *Oh!* *Hui!* *Pfui!* *Bravo!* *Buh!*

3 Die Wortarten im Text

Die Bremer Stadtmusikanten	Die Wortarten im Text
*Es **hatte** ein Mann einen Esel, der schon lange Jahre die Säcke unverdrossen zur Mühle **getragen hatte,** dessen Kräfte aber nun zu Ende **gingen,** so dass er zur Arbeit immer untauglicher **ward**.* *Da **dachte** der Herr daran, ihn aus dem Futter zu **schaffen**,*	Das mächtige **Verb** • das ausdrückt, was geschieht, getan wird • mit seinen 149 Formen: *schreiben, schrieb, geschrieben*, ... • um das sich als Prädikat im Satz alles dreht
*aber der **Esel** merkte, dass kein guter **Wind** wehte, lief fort und machte sich auf den **Weg** nach Bremen. Dort, meinte er, könnte er **Stadtmusikant** werden. Als er ein **Weilchen** gegangen war, fand er einen **Jagdhund** auf dem **Wege** liegen, der jappte wie einer, der sich müde gelaufen hat.* *„Nun, was jappst du so, **Packan**?“, fragte der **Esel.***	Das starke, vielseitige **Nomen/Substantiv** • das Lebewesen, Dinge, Gedanken, Begriffe, Gefühle benennt und ordnet: *Mensch, Haus, Zahl, Freude* • mit seinen Begleitern und Stellvertretern, dem Artikel und den Pronomen in den 4 Fällen, in Einzahl und Mehrzahl, in den 3 grammatischen Geschlechtern, die der Artikel anzeigt • das viele Rollen im Satz spielen kann und muss
*„Ach, sagte der Hund, weil ich **alt** bin und jeden Tag **schwächer** werde, auch auf der Jagd nicht mehr **gut** fort kann, hat mich mein Herr wollen totschlagen, da hab ich **schnell** Reißaus genommen; aber womit soll ich nun mein Brot verdienen?“* *„Weißt du was“, sprach der Esel, „ich gehe nach Bremen und werde dort Stadtmusikant, geh mit und lass dich auch bei der Musik annehmen. Ich spiele die Laute und du schlägst die Pauken.“*	Das bunte, hilfsbereite **Adjektiv** • das ausdrückt, wie etwas ist, welche Eigenschaften es hat, wie es bewertet wird: *schön, hässlich, fleißig, lila* • das gesteigert werden kann: *gut, besser, beste* • das im Satz Nomen näher bestimmt und dann gebeugt wird wie sie: *der **alte** Hund* • das mit dem Verb *sein* ein eigenes Satzmuster bildet: *Der Hund ist **alt.*** • das auch dem **Adverb** hilft und dann nicht gebeugt wird: *Er nimmt **schnell** Reißaus.*
***Der** Hund war's zufrieden und sie gingen weiter. Es dauerte nicht lange, so saß da **eine** Katze an **dem** Weg und machte **ein** Gesicht wie drei Tage Regenwetter.* *„Nun, was ist dir in **die** Quere gekommen, alter Bartputzer?“, sprach **der** Esel.*	Der stets dienstbereite **Artikel** • der Begleiter des Nomens ist • der das grammatische Geschlecht anzeigt: *der, die, das, ein, eine, ein* • der Einzahl, Mehrzahl und die 4 Fälle mit kennzeichnet: ***der** Hund, **des** Hundes, **dem** Hund, **den** Hund, **die** Tiere*
*„**Wer** kann da lustig sein, wenn's **einem** an den Kragen geht?“, antwortete die Katze.* *„Weil **ich** nun zu Jahren komme, **meine** Zähne stumpf werden und **ich** lieber hinter dem Ofen sitze und spinne als nach Mäusen herumjage, hat **mich meine** Frau ersäufen wollen; **ich** habe **mich** zwar noch fortgemacht, aber nun ist guter Rat teuer: Wo soll **ich** hin?“* *„Geh mit **uns** nach Bremen, **du** verstehst dich doch auf die Nachtmusik, da kannst **du** ein Stadtmusikant werden.“ Die Katze hielt **das** für gut und ging mit.*	Die **Pronomen,** die Weberschiffchen im Geflecht des Textes, • die die Nomen/Substantive vertreten oder begleiten • die die Fäden knüpfen im Text, von einem Satz zum anderen und zum nächsten und übernächsten • die einen Text an die Situation des Sprechens und Hörens, des Schreibens und Lesens binden: *ich* ist immer der, der spricht oder schreibt *du* ist immer der, der angesprochen ist *er, sie, es* sind die, über die etwas gesagt wird • die meistens gebeugt werden wie die Nomen/Substantive, welche sie begleiten oder für die sie stehen
*Darauf kamen die **drei** Landesflüchtigen an einem Hof vorbei, da saß auf dem Tor der Haushahn und schrie aus Leibeskräften.* *„Du schreist einem durch Mark und Bein“, sprach der Esel, „was hast du vor?“*	Die **Zahlwörter,** die **Numeralia** • die Zahlen, Reihenfolgen und Wiederholungen ausdrücken • die hin und wieder bei anderen Wortarten Unterschlupf suchen: beim Nomen als *Million, Tausende, ein Hunderter, ein Viertel* beim Adjektiv als *erster, zweiter, einmalig* beim Adverb als *eins, zwei, drei, einmal*

4 Die Wortarten im Text

Die Bremer Stadtmusikanten	Die Wortarten im Text
*„**Da** hab ich gut Wetter prophezeit“, sprach der Hahn, „aber weil **morgen** zum Sonntag Gäste kommen, so hat die Hausfrau doch kein Erbarmen und hat der Köchin gesagt, sie wollte mich **morgen** in der Suppe essen, und **da** soll ich mir **heut Abend** den Kopf abschneiden lassen. **Nun** schrei ich aus vollem Hals **so lang** ich **noch** kann.“* *„Ei was, du Rotkopf“, sagte der Esel, „zieh **lieber** mit uns fort, wir gehen nach Bremen, etwas Besseres als den Tod findest du **überall**; du hast eine gute Stimme, und wenn wir **zusammen** musizieren, **so** muss es eine Art haben.“* *Der Hahn ließ sich den Vorschlag gefallen und sie gingen alle vier **zusammen** fort. Sie konnten **aber** die Stadt Bremen in einem Tag **nicht** erreichen und kamen **abends** in einen Wald, wo sie übernachten wollten.*	Das allgegenwärtige **Adverb** • das ausdrückt, wann und wo und wie es ist, warum, weshalb, wozu es geschieht • das immer ungebeugt ist • oft bereit, den Konjunktionen zu helfen, wenn Sätze zu verbinden sind • immer da, um eine Lücke zu füllen, um einem Ausruf zu einem richtigen Wort zu verhelfen: *Na also! Nun denn! Ach so!*
*Der Esel und der Hund legten sich **unter** einen großen Baum, die Katze machte sich **in** die Äste, der Hahn aber flog **bis in** die Spitze, wo es am sichersten **für** ihn war. Ehe er einschlief, sah er sich noch einmal **nach** allen vier Winden um, da deuchte ihn, er sähe **in** der Ferne ein Fünkchen brennen, und er rief seinen Gesellen zu, es müsste gar nicht weit ein Haus sein, es schiene ein Licht.*	Die emsigen **Präpositionen** • die dem Nomen helfen, Raum und Richtung, Zeit und Dauer, Grund und Ursache, Mittel, Zweck und Folge auszudrücken: *an, auf, hinter, in, mit, von* • die selbst nicht gebeugt werden, aber vom Nomen verlangen, dass es sich beugen lässt, wie sie es wollen
*Sprach der Esel: „So müssen wir uns aufmachen **und** noch hingehen, **denn** hier ist die Herberge schlecht.“* *Der Hund meinte, ein paar Knochen **und** etwas Fleisch dran täten ihm auch gut. Also machten sie sich auf den Weg nach der Gegend, **wo** das Licht war, und sahen es bald heller schimmern, **und** es ward immer größer, bis sie vor ein hell erleuchtetes Räuberhaus kamen. Der Esel, als der Größte, näherte sich dem Fenster **und** schaute hinein.* *„Was siehst du, Grauschimmel?“ fragte der Hahn.* *„Was ich sehe?“, antwortete der Esel. „Einen gedeckten Tisch mit schönem Essen **und** Trinken **und** Räuber sitzen daran **und** lassen sich’s wohl sein.“*	Die verbindenden **Konjunktionen** • die ihre Dienste als Bindemittel anbieten • die für das Denken die Weichen stellen: *und* oder *oder* oder *aber* oder *denn*, *weil* oder *obwohl*, *ehe* oder *nachdem*,... • zum Aneinanderreihen von Wörtern, Satzgliedern, Teilsätzen oder Sätzen: *und, sowohl...als auch, entweder ... oder,...* • zum Anbinden von untergeordneten Gliedsätzen/Nebensätzen an übergeordnete Sätze, damit klare Ordnung herrscht und jeder weiß, wie das Satzgefüge gebaut ist: *dass, damit, wenn, obgleich...*
*„Das wäre was für uns“, sprach der Hahn. „Ja, ja, **ach**, wären wir da!“, sagte der Esel.*	Das gefühlvolle **Ausrufewort** (die **Interjektion**) • das Empfinden und Gefühle ausdrückt: *autsch, hmm, hopp hopp, dalli dalli,...* • das sich nicht beugen lässt • das nicht bereit ist, sich in Satzglieder oder Satzmuster einbinden zu lassen

Anfang des Märchens *Die Bremer Stadtmusikanten* der Brüder Grimm; Fortsetzung auf Tafel 31

5 Das Verb im Überblick

Der Begriff „Verb“ kommt vom lateinischen *verbum* und bedeutet „Wort“. Schon die lateinischen Grammatiker wollten mit dieser Benennung zeigen, dass sie das Verb für die wichtigste Wortart hielten. Das Schaubild zeigt, dass bei der Wortart „Verb“ viel los ist. Das hat seinen guten Grund. Das Verb erbringt vielfältige Leistungen und benötigt dafür viele Formen. Zusammen mit den Nomen/Substantiven bildet es die weitaus größte Gruppe im Wortschatz. Jeder Satz enthält mindestens ein Verb und ein Nomen/Substantiv oder seinen Stellvertreter.

Verb

Wortschatz
Es gibt über 5000 Verben mit vielen Ableitungen und Zusammensetzungen.

fahren, abfahren, anfahren, auffahren, ausfahren, ...

Texte
Es gibt unendlich viele Texte, die aus Sätzen bestehen.
Jeder Satz enthält ein Verb.

Wortformen

Es gibt 149 grammatische Formen.
Jedes Prädikat enthält ein gebeugtes Verb.

Das Verb bestimmt Zahl und Art von Objekten und Ergänzungen:

1. ohne Objekt
   Das Pinguinweibchen brütet.
2. mit Akkusativobjekt
   *Der Gletscher wirft **einen Schatten.***
3. mit Dativ- und Akkusativobjekt
   *Das Pinguinmännchen bringt **seiner Frau einen Fisch.***
4. mit Akkusativobjekt und Ergänzung des Ortes
   *Das Weibchen legt **das Ei auf seine Füße.***

Wortart Verb im Satzglied Prädikat

Mehrteilige Verbformen bilden im Satz eine Klammer (Verbklammer, Prädikatsklammer).

Es gibt drei Typen von Verbklammern:

1. mit Hilfsverb
   *Es **hat** das Ei auf seine Füße **gelegt.***
2. mit Modalverb
   *Das Männchen **will** das Weibchen beim Brüten **ablösen.***
3. mit trennbaren Vorsilben (Präfixen)
   *Männchen und Weibchen **lösen** einander beim Brüten regelmäßig **ab.***

Sätze

Sätze bestehen aus Satzgliedern.

Die Stellung des Verbs bestimmt die Satzart:

1. Aussagesatz = 2. Stelle
   *Es **legt** das Ei auf seine Füße.*
2. Fragesatz = Spitzenstellung
   ***Legt** das Weibchen das Ei auf seine Füße?*
3. Fragesatz = 2. Stelle nach Fragewort
   *Wohin **legt** das Weibchen das Ei?*
4. Aufforderungssatz = Spitzenstellung in der Aufforderungsform
   ***Lasst** den Pinguinen ihren Lebensraum!*

6 Die Konjugation der Verben im Überblick

Von den meisten Verben gibt es 149 verschiedene Formen. Das sollte niemanden erschrecken, denn wir benutzen die meisten Formen automatisch und manche schwierigen gebrauchen wir nur ganz selten. Außerdem hilft es, wenn man sich klarmacht, dass die Vielfalt gut geordnet ist.

	**Person und Numerus** nennen die Person und sagen, wie viele es sind Singular (Einzahl) 3 Personalformen: *ich, du, er/sie/es* Plural (Mehrzahl) 3 Personalformen: *wir, ihr, sie*		3 + 3 = **6**	*ich schreibe, du schreibst, er/sie/es schreibt* *wir schreiben, ihr schreibt, sie schreiben*
	**Tempora (Zeitformen)** ordnen das Geschehen zeitlich ein 1 Gegenwartsform: 3 Vergangenheitsformen: 2 Zukunftsformen:	 Präsens Präteritum Perfekt Plusquamperfekt Futur I Futur II	x 6 = **36**	*du schreibst* *du schriebst* *du hast geschrieben* *du hattest geschrieben* *du wirst schreiben* *du wirst geschrieben haben*
	**Aktiv und Passiv** zeigen Sichtweisen des Geschehens an 1 Aktivform (Tatform): aus der Sicht des Handelnden 1 Passivform („Leideform“): aus der Sicht des Betroffenen		x 2 = **72**	*Du schreibst den Brief.* *Der Brief wird (von dir) geschrieben.*
	**Modus (Aussageform)** gibt Einschätzungen des Geschehens als wirklich, möglich, nicht wirklich wieder 1 Wirklichkeitsform: 1 Möglichkeitsform oder Nicht-Wirklichkeitsform: 2 Aufforderungsformen:	 Indikativ Konjunktiv I Konjunktiv II Imperativ	x 2 = **144** + 2 = **146**	*du schreibst* *du schreibest* *du schriebest, du würdest schreiben* *schreib! schreibt!*
	Dazu kommen noch 1 Grundform: 2 Mittelwörter:	 Infinitiv Partizip Präsens Partizip Perfekt	+ 3 = **149**	*schreiben* *schreibend* *geschrieben*

7 Konjugation im Aktiv

			Starke Verben		Schwache Verben	
Tempus Zeit	**Numerus** Zahl	**Person**	**Indikativ** Wirklichkeitsform	**Konjunktiv** Möglichkeitsform	**Indikativ** Wirklichkeitsform	**Konjunktiv** Möglichkeitsform
Präsens (Gegenwart)	Singular (Einzahl)	1. Person	*ich fahre*	*ich fahre*	*ich höre*	*ich höre*
		2. Person	*du fährst*	*du fahrest*	*du hörst*	*du hörest*
		3. Person	*er/sie/es fährt*	*er/sie/es fahre*	*er/sie/es hört*	*er/sie/es höre*
	Plural (Mehrzahl)	1. Person	*wir fahren*	*wir fahren*	*wir hören*	*wir hören*
		2. Person	*ihr fahrt*	*ihr fahret*	*ihr hört*	*ihr höret*
		3. Person	*sie fahren*	*sie fahren*	*sie hören*	*sie hören*
Präteritum (Vergangenheit)	Singular (Einzahl)	1. Person	*ich fuhr*	*ich führe*	*ich hörte*	*ich hörte*
		2. Person	*du fuhrst*	*du führest*	*du hörtest*	*du hörtest*
		3. Person	*er/sie/es fuhr*	*er/sie/es führe*	*er/sie/es hörte*	*er/sie/es hörte*
	Plural (Mehrzahl)	1. Person	*wir fuhren*	*wir führen*	*wir hörten*	*wir hörten*
		2. Person	*ihr fuhrt*	*ihr führet*	*ihr hörtet*	*ihr hörtet*
		3. Person	*sie fuhren*	*sie führen*	*sie hörten*	*sie hörten*
Perfekt (vollendete Gegenwart)	Singular (Einzahl)	1. Person	*ich bin gefahren*	*ich sei gefahren*	*ich habe gehört*	*ich habe gehört*
		2. Person	*du bist gefahren*	*du seist gefahren*	*du hast gehört*	*du habest gehört*
		3. Person	*er/sie/es ist gefahren*	*er/sie/es sei gefahren*	*er/sie/es hat gehört*	*er/sie/es habe gehört*
	Plural (Mehrzahl)	1. Person	*wir sind gefahren*	*wir seien gefahren*	*wir haben gehört*	*wir haben gehört*
		2. Person	*ihr seid gefahren*	*ihr seiet gefahren*	*ihr habt gehört*	*ihr habet gehört*
		3. Person	*sie sind gefahren*	*sie seien gefahren*	*sie haben gehört*	*sie haben gehört*
Plusquamperfekt (vollendete Vergangenheit)	Singular (Einzahl)	1. Person	*ich war gefahren*	*ich wäre gefahren*	*ich hatte gehört*	*ich hätte gehört*
		2. Person	*du warst gefahren*	*du wärest gefahren*	*du hattest gehört*	*du hättest gehört*
		3. Person	*er/sie/es war gefahren*	*er/sie/es wäre gefahren*	*er/sie/es hatte gehört*	*er/sie/es hätte gehört*
	Plural (Mehrzahl)	1. Person	*wir waren gefahren*	*wir wären gefahren*	*wir hatten gehört*	*wir hätten gehört*
		2. Person	*ihr wart gefahren*	*ihr wär(e)t gefahren*	*ihr hattet gehört*	*ihr hättet gehört*
		3. Person	*sie waren gefahren*	*sie wären gefahren*	*sie hatten gehört*	*sie hätten gehört*
Futur I (Zukunft)	Singular (Einzahl)	1. Person	*ich werde fahren*	*ich werde fahren*	*ich werde hören*	*ich werde hören*
		2. Person	*du wirst fahren*	*du werdest fahren*	*du wirst hören*	*du werdest hören*
		3. Person	*er/sie/es wird fahren*	*er/sie/es werde fahren*	*er/sie/es wird hören*	*er/sie/es werde hören*
	Plural (Mehrzahl)	1. Person	*wir werden fahren*	*wir werden fahren*	*wir werden hören*	*wir werden hören*
		2. Person	*ihr werdet fahren*	*ihr werdet fahren*	*ihr werdet hören*	*ihr werdet hören*
		3. Person	*sie werden fahren*	*sie werden fahren*	*sie werden hören*	*sie werden hören*
Futur II (vollendete Zukunft)	Singular (Einzahl)	1. Person	*ich werde gefahren sein*	*ich werde gefahren sein*	*ich werde gehört haben*	*ich werde gehört haben*
		2. Person	*du wirst gefahren sein*	*du werdest gefahren sein*	*du wirst gehört haben*	*du werdest gehört haben*
		3. Person	*er/sie/es wird gefahren sein*	*er/sie/es werde gefahren sein*	*er/sie/es wird gehört haben*	*er/sie/es werde gehört haben*
	Plural (Mehrzahl)	1. Person	*wir werden gefahren sein*	*wir werden gefahren sein*	*wir werden gehört haben*	*wir werden gehört haben*
		2. Person	*ihr werdet gefahren sein*	*ihr werdet gefahren sein*	*ihr werdet gehört haben*	*ihr werdet gehört haben*
		3. Person	*sie werden gefahren sein*	*sie werden gefahren sein*	*sie werden gehört haben*	*sie werden gehört haben*

6 Die Konjugation der Verben im Überblick

Von den meisten Verben gibt es 149 verschiedene Formen. Das sollte niemanden erschrecken, denn wir benutzen die meisten Formen automatisch und manche schwierigen gebrauchen wir nur ganz selten. Außerdem hilft es, wenn man sich klarmacht, dass die Vielfalt gut geordnet ist.

	**Person und Numerus** nennen die Person und sagen, wie viele es sind Singular (Einzahl) 3 Personalformen: *ich, du, er/sie/es* Plural (Mehrzahl) 3 Personalformen: *wir, ihr, sie*	3 + 3 = **6**	*ich schreibe, du schreibst, er/sie/es schreibt* *wir schreiben, ihr schreibt, sie schreiben*
	**Tempora (Zeitformen)** ordnen das Geschehen zeitlich ein 1 Gegenwartsform: Präsens 3 Vergangenheitsformen: Präteritum Perfekt Plusquamperfekt 2 Zukunftsformen: Futur I Futur II	x 6 = **36**	*du schreibst* *du schriebst* *du hast geschrieben* *du hattest geschrieben* *du wirst schreiben* *du wirst geschrieben haben*
	**Aktiv und Passiv** zeigen Sichtweisen des Geschehens an 1 Aktivform (Tatform): aus der Sicht des Handelnden 1 Passivform („Leideform"): aus der Sicht des Betroffenen	x 2 = **72**	*Du schreibst den Brief.* *Der Brief wird (von dir) geschrieben.*
	**Modus (Aussageform)** gibt Einschätzungen des Geschehens als wirklich, möglich, nicht wirklich wieder 1 Wirklichkeitsform: Indikativ 1 Möglichkeitsform oder Konjunktiv I Nicht-Wirklichkeitsform: Konjunktiv II 2 Aufforderungsformen: Imperativ	x 2 = **144** + 2 = **146**	*du schreibst* *du schreibest* *du schriebest, du würdest schreiben* *schreib! schreibt!*
	Dazu kommen noch 1 Grundform: Infinitiv 2 Mittelwörter: Partizip Präsens Partizip Perfekt	+ 3 = **149**	*schreiben* *schreibend* *geschrieben*

7 Konjugation im Aktiv

			Starke Verben		Schwache Verben	
Tempus Zeit	**Numerus** Zahl	**Person**	**Indikativ** Wirklichkeitsform	**Konjunktiv** Möglichkeitsform	**Indikativ** Wirklichkeitsform	**Konjunktiv** Möglichkeitsform
Präsens (Gegenwart)	Singular (Einzahl)	1. Person	*ich fahre*	*ich fahre*	*ich höre*	*ich höre*
		2. Person	*du fährst*	*du fahrest*	*du hörst*	*du hörest*
		3. Person	*er/sie/es fährt*	*er/sie/es fahre*	*er/sie/es hört*	*er/sie/es höre*
	Plural (Mehrzahl)	1. Person	*wir fahren*	*wir fahren*	*wir hören*	*wir hören*
		2. Person	*ihr fahrt*	*ihr fahret*	*ihr hört*	*ihr höret*
		3. Person	*sie fahren*	*sie fahren*	*sie hören*	*sie hören*
Präteritum (Vergangenheit)	Singular (Einzahl)	1. Person	*ich fuhr*	*ich führe*	*ich hörte*	*ich hörte*
		2. Person	*du fuhrst*	*du führest*	*du hörtest*	*du hörtest*
		3. Person	*er/sie/es fuhr*	*er/sie/es führe*	*er/sie/es hörte*	*er/sie/es hörte*
	Plural (Mehrzahl)	1. Person	*wir fuhren*	*wir führen*	*wir hörten*	*wir hörten*
		2. Person	*ihr fuhrt*	*ihr führet*	*ihr hörtet*	*ihr hörtet*
		3. Person	*sie fuhren*	*sie führen*	*sie hörten*	*sie hörten*
Perfekt (vollendete Gegenwart)	Singular (Einzahl)	1. Person	*ich bin gefahren*	*ich sei gefahren*	*ich habe gehört*	*ich habe gehört*
		2. Person	*du bist gefahren*	*du seist gefahren*	*du hast gehört*	*du habest gehört*
		3. Person	*er/sie/es ist gefahren*	*er/sie/es sei gefahren*	*er/sie/es hat gehört*	*er/sie/es habe gehört*
	Plural (Mehrzahl)	1. Person	*wir sind gefahren*	*wir seien gefahren*	*wir haben gehört*	*wir haben gehört*
		2. Person	*ihr seid gefahren*	*ihr seiet gefahren*	*ihr habt gehört*	*ihr habet gehört*
		3. Person	*sie sind gefahren*	*sie seien gefahren*	*sie haben gehört*	*sie haben gehört*
Plusquamperfekt (vollendete Vergangenheit)	Singular (Einzahl)	1. Person	*ich war gefahren*	*ich wäre gefahren*	*ich hatte gehört*	*ich hätte gehört*
		2. Person	*du warst gefahren*	*du wärest gefahren*	*du hattest gehört*	*du hättest gehört*
		3. Person	*er/sie/es war gefahren*	*er/sie/es wäre gefahren*	*er/sie/es hatte gehört*	*er/sie/es hätte gehört*
	Plural (Mehrzahl)	1. Person	*wir waren gefahren*	*wir wären gefahren*	*wir hatten gehört*	*wir hätten gehört*
		2. Person	*ihr wart gefahren*	*ihr wär(e)t gefahren*	*ihr hattet gehört*	*ihr hättet gehört*
		3. Person	*sie waren gefahren*	*sie wären gefahren*	*sie hatten gehört*	*sie hätten gehört*
Futur I (Zukunft)	Singular (Einzahl)	1. Person	*ich werde fahren*	*ich werde fahren*	*ich werde hören*	*ich werde hören*
		2. Person	*du wirst fahren*	*du werdest fahren*	*du wirst hören*	*du werdest hören*
		3. Person	*er/sie/es wird fahren*	*er/sie/es werde fahren*	*er/sie/es wird hören*	*er/sie/es werde hören*
	Plural (Mehrzahl)	1. Person	*wir werden fahren*	*wir werden fahren*	*wir werden hören*	*wir werden hören*
		2. Person	*ihr werdet fahren*	*ihr werdet fahren*	*ihr werdet hören*	*ihr werdet hören*
		3. Person	*sie werden fahren*	*sie werden fahren*	*sie werden hören*	*sie werden hören*
Futur II (vollendete Zukunft)	Singular (Einzahl)	1. Person	*ich werde gefahren sein*	*ich werde gefahren sein*	*ich werde gehört haben*	*ich werde gehört haben*
		2. Person	*du wirst gefahren sein*	*du werdest gefahren sein*	*du wirst gehört haben*	*du werdest gehört haben*
		3. Person	*er/sie/es wird gefahren sein*	*er/sie/es werde gefahren sein*	*er/sie/es wird gehört haben*	*er/sie/es werde gehört haben*
	Plural (Mehrzahl)	1. Person	*wir werden gefahren sein*	*wir werden gefahren sein*	*wir werden gehört haben*	*wir werden gehört haben*
		2. Person	*ihr werdet gefahren sein*	*ihr werdet gefahren sein*	*ihr werdet gehört haben*	*ihr werdet gehört haben*
		3. Person	*sie werden gefahren sein*	*sie werden gefahren sein*	*sie werden gehört haben*	*sie werden gehört haben*

8 Konjugation im Passiv

			Starke Verben		Schwache Verben	
Tempus Zeit	**Numerus** Zahl	**Person**	**Indikativ** Wirklichkeitsform	**Konjunktiv** Möglichkeitsform	**Indikativ** Wirklichkeitsform	**Konjunktiv** Möglichkeitsform
Präsens (Gegenwart)	Singular (Einzahl)	1. Person	*ich werde gefahren*	*ich werde gefahren*	*ich werde gehört*	*ich werde gehört*
		2. Person	*du wirst gefahren*	*du werdest gefahren*	*du wirst gehört*	*du werdest gehört*
		3. Person	*er/sie/es wird gefahren*	*er/sie/es werde gefahren*	*er/sie/es wird gehört*	*er/sie/es werde gehört*
	Plural (Mehrzahl)	1. Person	*wir werden gefahren*	*wir werden gefahren*	*wir werden gehört*	*wir werden gehört*
		2. Person	*ihr werdet gefahren*	*ihr werdet gefahren*	*ihr werdet gehört*	*ihr werdet gehört*
		3. Person	*sie werden gefahren*	*sie werden gefahren*	*sie werden gehört*	*sie werden gehört*
Präteritum (Vergangenheit)	Singular (Einzahl)	1. Person	*ich wurde gefahren*	*ich würde gefahren*	*ich wurde gehört*	*ich würde gehört*
		2. Person	*du wurdest gefahren*	*du würdest gefahren*	*du wurdest gehört*	*du würdest gehört*
		3. Person	*er/sie/es wurde gefahren*	*er/sie/es würde gefahren*	*er/sie/es wurde gehört*	*er/sie/es würde gehört*
	Plural (Mehrzahl)	1. Person	*wir wurden gefahren*	*wir würden gefahren*	*wir wurden gehört*	*wir würden gehört*
		2. Person	*ihr wurdet gefahren*	*ihr würdet gefahren*	*ihr wurdet gehört*	*ihr würdet gehört*
		3. Person	*sie wurden gefahren*	*sie würden gefahren*	*sie wurden gehört*	*sie würden gehört*
Perfekt (vollendete Gegenwart)	Singular (Einzahl)	1. Person	*ich bin gefahren worden*	*ich sei gefahren worden*	*ich bin gehört worden*	*ich sei gehört worden*
		2. Person	*du bist gefahren worden*	*du seist gefahren worden*	*du bist gehört worden*	*du seist gehört worden*
		3. Person	*er/sie/es ist gefahren worden*	*er/sie/es sei gefahren worden*	*er/sie/es ist gehört worden*	*er/sie/es sei gehört worden*
	Plural (Mehrzahl)	1. Person	*wir sind gefahren worden*	*wir seien gefahren worden*	*wir sind gehört worden*	*wir seien gehört worden*
		2. Person	*ihr seid gefahren worden*	*ihr seiet gefahren worden*	*ihr seid gehört worden*	*ihr seiet gehört worden*
		3. Person	*sie sind gefahren worden*	*sie seien gefahren worden*	*sie sind gehört worden*	*sie seien gehört worden*
Plusquamperfekt (vollendete Vergangenheit)	Singular (Einzahl)	1. Person	*ich war gefahren worden*	*ich wäre gefahren worden*	*ich war gehört worden*	*ich wäre gehört worden*
		2. Person	*du warst gefahren worden*	*du wärest gefahren worden*	*du warst gehört worden*	*du wärest gehört worden*
		3. Person	*er/sie/es war gefahren worden*	*er/sie/es wäre gefahren worden*	*er/sie/es war gehört worden*	*er/sie/es wäre gehört worden*
	Plural (Mehrzahl)	1. Person	*wir waren gefahren worden*	*wir wären gefahren worden*	*wir waren gehört worden*	*wir wären gehört worden*
		2. Person	*ihr wart gefahren worden*	*ihr wär(e)t gefahren worden*	*ihr wart gehört worden*	*ihr wäret gehört worden*
		3. Person	*sie waren gefahren worden*	*sie wären gefahren worden*	*sie waren gehört worden*	*sie wären gehört worden*
Futur I (Zukunft)	Singular (Einzahl)	1. Person	*ich werde gefahren werden*	*ich werde gefahren werden*	*ich werde gehört werden*	*ich werde gehört werden*
		2. Person	*du wirst gefahren werden*	*du werdest gefahren werden*	*du wirst gehört werden*	*du werdest gehört werden*
		3. Person	*er/sie/es wird gefahren werden*	*er/sie/es werde gefahren werdem*	*er/sie/es wird gehört werden*	*er/sie/es werde gehört werden*
	Plural (Mehrzahl)	1. Person	*wir werden gefahren werden*	*wir werden gefahren werden*	*wir werden gehört werden*	*wir werden gehört werden*
		2. Person	*ihr werdet gefahren werden*	*ihr werdet gefahren werden*	*ihr werdet gehört werden*	*ihr werdet gehört werden*
		3. Person	*sie werden gefahren werden*	*sie werden gefahren werden*	*sie werden gehört werden*	*sie werden gehört werden*
Futur II (vollendete Zukunft)	Singular (Einzahl)	1. Person	*ich werde gefahren worden sein*	*ich werde gefahren worden sein*	*ich werde gehört worden sein*	*ich werde gehört worden sein*
		2. Person	*du wirst gefahren worden sein*	*du werdest gefahren worden sein*	*du wirst gehört worden sein*	*du werdest gehört worden sein*
		3. Person	*er/sie/es wird gefahren worden sein*	*er/sie/es werde gefahren worden sein*	*er/sie/es wird gehört worden sein*	*er/sie/es werde gehört worden sein*
	Plural (Mehrzahl)	1. Person	*wir werden gefahren worden sein*	*wir werden gefahren worden sein*	*wir werden gehört worden sein*	*wir werden gehört worden sein*
		2. Person	*ihr werdet gefahren worden sein*	*ihr werdet gefahren worden sein*	*ihr werdet gehört worden sein*	*ihr werdet gehört worden sein*
		3. Person	*sie werden gefahren worden sein*	*sie werden gefahren worden sein*	*sie werden gehört worden sein*	*sie werden gehört worden sein*

9 Tempus und Zeitverweis

Tempora (Einzahl: das Tempus) nennt man die Zeitformen der Verben. Jedes Verb hat 6 verschiedene Zeitformen. Die deutschen Benennungen weisen darauf hin, welche Zeitstufen mit welchen Formen ausgedrückt werden können. Wie die Beispiele unten zeigen, kann man aber oft mit einem Tempus auch auf verschiedene Zeitformen verweisen.
Eines gilt grundsätzlich: Jeder Text ist in dem Augenblick, wenn jemand spricht oder schreibt, an die wirkliche Zeit angebunden. Von diesem JETZT aus legt der Sprecher/Schreiber eine zeitliche Perspektive fest und von diesem JETZT aus ordnet der Hörer/Leser das Geschehen ein.

Nachdem wir die Pflaumen geerntet hatten,	*haben wir sie gewaschen.*	*Dann mußten wir sie entsteinen.*	*Jetzt sind sie im Topf und kochen.*	*Danach werden wir die Marmelade in Gläser füllen.*	*Im nächsten Sommer werden wir sie aufgegessen haben.*

Plusquamperfekt vollendete Vergangenheit	**Perfekt** vollendete Gegenwart	**Präteritum** Vergangenheit	**Präsens** Gegenwart	**Futur I** einfache Zukunft	**Futur II** vollendete Zukunft
Das Plusquamperfekt drückt die Vorvergangenheit aus. Es steht meistens bei *nachdem*, oft nach *als*. *Nachdem ich zwei Eimer Pflaumen* ***gepflückt hatte,*** *brach das Gewitter los. Als es* ***abgezogen war,*** *lagen leider viele Pflaumen im nassen Gras.*	Das Perfekt drückt ein Geschehen aus, das vergangen und abgeschlossen ist, das aber noch lebendig in Erinnerung ist. Häufig ist es beim mündlichen Erzählen. In süddeutschen Mundarten ist das die normale Tempusform der Vergangenheit. *Gestern* ***bin*** *ich im Zoo* ***gewesen,*** *da* ***sind*** *doch plötzlich lauter Pinguine den Weg* ***entlangspaziert.*** Das Perfekt steht auch statt Futur II. *Übermorgen* ***habe*** *ich das Buch über die Pinguine* ***gelesen.***	Das Präteritum (früher auch „Imperfekt“ genannt) ist die Zeitform für schriftliches Geschichtenerzählen. *Es* ***war*** *einmal eine kleine süße Dirne, die* ***hatte*** *jedermann lieb, der sie nur* ***ansah,*** *am allerliebsten aber ihre Großmutter, die* ***wusste*** *gar nicht, was sie alles dem Kind geben* ***sollte.*** *Einmal* ***schenkte*** *sie ihm ein Käppchen von rotem Sammet, und weil ihm das so wohl* ***stand*** *und es nicht anderes tragen* ***wollte, hieß*** *es nur das Rotkäppchen.*	Präsens der Gegenwart *Es* ***regnet.*** *Ich* ***kann*** *jetzt keine Pflaumen pflücken.* Futurisches Präsens *Morgen* ***regnet*** *es. Heute* ***pflücke*** *ich noch Pflaumen.* Präsens der allgemeinen Geltung *Pflaumen* ***sind*** *Früchte. Wasser* ***kocht*** *bei 100 °.* Stilpräsens der Vergangenheit *Gestern zog ein Gewitter auf. Ich* ***denke*** *an meine Marmelade und* ***pflücke*** *schnell noch Pflaumen.*	Das Futur I verweist auf Zukünftiges. *Heute nachmittag* ***werden*** *wir Pflaumenmarmelade* ***kochen.*** *Ich* ***werde*** *die Pflaumen* ***entsteinen*** *und du* ***wirst*** *schon einmal die Gläser heiß* ***spülen*** *und den Zucker* ***abwiegen.*** Mit dem Futur I kann man auch auf die Gegenwart verweisen. Man drückt dann eine Vermutung aus. *Hier sind ja gar keine Pinguine im Teich. Wo sind sie denn? Sie* ***werden*** *wohl einen Spaziergang* ***machen.***	Mit dem Futur II verweist man auf die Zukunft und sagt zugleich, dass das Geschehen zwischen dem Augenblick, wo man es sagt, und dem Zeitpunkt in der Zukunft abgeschlossen sein wird. *Übermorgen* ***werde*** *ich das Buch über die Pinguine* ***gelesen*** *haben.*

10 Die Konjugation der Hilfsverben

Die Verben *werden, sein* und *haben* können als Vollverb verwendet werden: *Es wird Sommer. – Es ist Winter. – Ich habe Hunger.* Hauptsächlich benutzt man sie aber als Hilfsverben zur Bildung der zusammengesetzten Zeiten aller anderen Verben: *ich werde gehen – ich bin gekommen – ich habe geschlafen.* Bei *werden* lautet das Partizip Perfekt des Vollverbs anders als das des Hilfsverbs: *Es ist kalt geworden. – Es ist gearbeitet worden.*

Konjugationstabelle zum Hilfsverb *werden*		**Konjugationstabelle zum Hilfsverb *sein***		**Konjugationstabelle zum Hilfsverb *haben***	
Indikativ	**Konjunktiv**	**Indikativ**	**Konjunktiv**	**Indikativ**	**Konjunktiv**
Präsens *ich werde* *du wirst* *er/sie/es wird* *wir werden* *ihr werdet* *sie werden*	**Konjunktiv I** *ich werde* *du werdest* *er/sie/es werde* *wir werden** *ihr werdet** *sie werden**	**Präsens** *ich bin* *du bist* *er/sie/es ist* *wir sind* *ihr seid* *sie sind*	**Konjunktiv I** *ich sei* *du seist* *er/sie/es sei* *wir seien* *ihr seiet* *sie seien*	**Präsens** *ich habe* *du hast* *er/sie/es hat* *wir haben* *ihr habt* *sie haben*	**Konjunktiv I** *ich habe** *du habest* *er/sie/es habe* *wir haben** *ihr habet* *sie haben**
Präteritum *ich wurde* *du wurdest* *er/sie/es wurde* *wir wurden* *ihr wurdet* *sie wurden*	**Konjunktiv II** *ich würde* *du würdest* *er/sie/es würde* *wir würden* *ihr würdet* *sie würden*	**Präteritum** *ich war* *du warst* *er/sie/es war* *wir waren* *ihr wart* *sie waren*	**Konjunktiv II** *ich wäre* *du wärest* *er/sie/es wäre* *wir wären* *ihr wäret* *sie wären*	**Präteritum** *ich hatte* *du hattest* *er/sie/es hatte* *wir hatten* *ihr hattet* *sie hatten*	**Konjunktiv II** *ich hätte* *du hättest* *er/sie/es hätte* *wir hätten* *ihr hättet* *sie hätten*
Perfekt *ich bin geworden*	**Konjunktiv I** *ich sei geworden*	**Perfekt** *ich bin gewesen*	**Konjunktiv I** *ich sei gewesen*	**Perfekt** *ich habe gehabt*	**Konjunktiv I** *ich habe gehabt**
Plusquamperfekt *ich war geworden*	**Konjunktiv II** *ich wäre geworden*	**Plusquamperfekt** *ich war gewesen*	**Konjunktiv II** *ich wäre gewesen*	**Plusquamperfekt** *ich hatte gehabt*	**Konjunktiv II** *ich hätte gehabt*
Futur I *ich werde werden*	**Konjunktiv II** *ich würde werden*	**Futur I** *ich werde sein*	**Konjunktiv II** *ich würde sein*	**Futur I** *ich werde haben*	**Konjunktiv II** *ich würde haben*
Futur II *ich werde geworden sein*	**Konjunktiv II** *ich würde geworden sein*	**Futur II** *ich werde gewesen sein*	**Konjunktiv II** *ich würde gewesen sein*	**Futur II** *ich werde gehabt haben*	**Konjunktiv II** *ich würde gehabt haben*

* Wenn sich die Formen des Konjunktiv I und des Indikativ gleichen, benutzt man die Formen des Konjunktiv II.

Infinitiv Präsens	*werden*	**Infinitiv Präsens**	*sein*	**Infinitiv Präsens**	*haben*
Infinitiv Perfekt	*(ge)worden sein*	**Infinitiv Perfekt**	*gewesen sein*	**Infinitiv Perfekt**	*gehabt haben*
Partizip Präsens	*werdend*	**Partizip Präsens**	*seiend*	**Partizip Präsens**	*habend*
Partizip Perfekt	*(ge)worden*	**Partizip Perfekt**	*gewesen*	**Partizip Perfekt**	*gehabt*
Imperativ Singular	*werde!*	**Imperativ Singular**	*sei!*	**Imperativ Singular**	*habe!*
Imperativ Plural	*werdet!*	**Imperativ Plural**	*seid!*	**Imperativ Plural**	*habt!*

11 Aktiv und Passiv im Überblick

Aktiv und Passiv geben dem Sprecher/Schreiber die Möglichkeit, unterschiedliche Sichtweisen des Geschehens darzustellen.
Aktiv nennt man eine Verbform, bei der der Sprecher/Schreiber denjenigen in den Vordergrund stellt, der etwas tut: *Der Pinguin brütet das Ei aus.*
Passiv nennt man eine Verbform, bei der der Sprecher/Schreiber denjenigen oder dasjenige in den Vordergrund rückt, der oder das durch eine Handlung betroffen ist: *Das Ei wird vom Pinguin ausgebrütet.* Im Passiv gibt es drei verschiedene Möglichkeiten.

Der Pinguin brütet das Ei aus.	*Das Ei wird vom Pinguin ausgebrütet.*	*Das Ei wird ausgebrütet.*	*Das Ei ist ausgebrütet*
	täterabgewandt	täterlos	täterlos
	Vorgang		Zustand
Aktiv		**Passiv**	
Das Aktiv ist die normale Verbform, an der einem nichts auffällt. Alle Verben bilden Aktivformen, aber nicht alle bilden Passivformen.	Der Täter wird noch genannt (täterabgewandtes Passiv), die Handlung wird als Vorgang angesehen (Vorgangspassiv). Das Passiv ist die Verbform, die das Geschehen von der betroffenen Sache oder Person her schildert. Es wird gebildet aus einer Form von werden + dem Partizip Perfekt: *es wird ausgebrütet* – Präsens *es wurde ausgebrütet* – Präteritum *es ist ausgebrütet worden* – Perfekt *es war ausgebrütet worden* – Plusquamp. *es wird* ausgebrütet werden* – Futur I *es wird* ausgebrütet worden sein* – Futur II * dieses *wird* gehört zum Futur	Der Täter wird nicht genannt (täterloses Passiv), die Handlung wird als Vorgang gesehen (Vorgangspassiv). Beim Passiv wird normalerweise nicht gesagt, wer etwas tut. Dass der Täter nicht genannt wird, kann verschiedene Gründe haben. • Man kennt den Täter nicht. • Man will oder darf ihn nicht nennen. • Er spielt keine Rolle, er ist unwichtig im Vergleich zur Handlung und zur betroffenen Person oder Sache.	Der Täter wird nicht genannt (täterloses Passiv), die Handlung wird vom Ergebnis, vom erreichten Zustand aus betrachtet (Zustandspassiv). Im Perfekt und Plusquamperfekt kann das Hilfsverb *werden* weggelassen werden. Dann geht die Tempusform über in das Präsens bzw. Präteritum; das Passiv wird zum Zustandspassiv, das Partizip wird wie ein Adjektiv verstanden. *Das Ei ist ausgebrütet worden.* (Vorgang) *Das Ei ist ausgebrütet.* (Zustand) *Das Ei ist offen.* (Adjektiv)

Nicht alle Verben können Passivform bilden, weil nicht alle Geschehnisse sich auf Personen oder Sachen beziehen:

Aktiv	Passiv
Der Gärtner schneidet die Blumen.	*Die Blumen werden vom Gärtner geschnitten.*
Die Blumen wachsen.	kein Passiv
Sie blühen und sie welken.	kein Passiv

Manche dieser Verben bilden eine besondere Passivform, das **unpersönliche Passiv:**

Aktiv	mögliches Passiv
Die Kinder schlafen.	*Jetzt wird geschlafen!*
	Es wird jetzt geschlafen!

12 Die Modalität im Überblick

Mit Verben kann man in verschiedener Form Aussagen über die Art und Weise (= Modalität) eines Geschehens machen: Man kann den Indikativ (Wirklichkeitsform) den Konjunktiv (Möglichkeitsform), den Irrealis (Nicht-Wirklichkeitsform), den Imperativ (Aufforderungsform) oder die Modalverben *(dürfen, können, mögen, müssen, sollen, wollen)* verwenden.
Durch die Wahl der Verbformen gibt man immer auch eine Einschätzung des Geschehens an.

Indikativ Wirklichkeitsform	Einschätzung als wirklich, tatsächlich	*Es **ist** so. Ich **mache** mit.*
Konjunktiv Möglichkeitsform	Einschätzung als wünschbar, denkbar, möglich, (noch) nicht wirklich	*Es **wäre** schön, wenn du **mitmachtest.***
Irrealis Nicht-Wirklichkeitsform	Einschätzung als nicht wirklich, nicht möglich	*Petra **würde mitmachen,** wenn sie hier **wäre.***
Konjunktiv als Zitierform	Redewiedergabe, indirekte Rede	*Sie haben gesagt, Völkerball **sei** ein einfaches Spiel.*
Imperativ Aufforderungsform Befehlsform	Aufforderung oder Befehl, etwas (nicht) zu tun	*Los, **fang an!*** ***Mach** doch **mit!*** ***Komm** schon!*
Modalverben	Verben, die ausdrücken, wie man zu einem Geschehen steht: *dürfen, können, mögen/möchten, müssen, sollen, wollen*	*Ich **darf/kann/mag/möchte/muss/soll/will** mitmachen.*

13 Konjugation der Modalverben

In der Tabelle sind nur die einfachen Verbformen aufgeführt, die mehrgliedrigen Formen werden mit *haben* (Perfekt, Plusquamperfekt) bzw. *werden* (Futur I und Futur II) gebildet.

Tempus Zeit	**Modus** Aussageform	**Person**	***dürfen***	***können***	***mögen***	***müssen***	***sollen***	***wollen***
Präsens (Gegenwart)	Indikativ (Wirklichkeitsform)	*ich*	*darf*	*kann*	*mag*	*muss*	*soll*	*will*
		du	*darfst*	*kannst*	*magst*	*musst*	*sollst*	*willst*
		er/sie/es	*darf*	*kann*	*mag*	*muss*	*soll*	*will*
		wir	*dürfen*	*können*	*mögen*	*müssen*	*sollen*	*wollen*
		ihr	*dürft*	*könnt*	*mögt*	*müsst*	*sollt*	*wollt*
		sie	*dürfen*	*können*	*mögen*	*müssen*	*sollen*	*wollen*
	Konjunktiv I (Möglichkeitsform)	*ich*	*dürfe*	*könne*	*möge*	*müsse*	*solle*	*wolle*
		du	*dürfest*	*könnest*	*mögest*	*müssest*	*sollest*	*wollest*
		er/sie/es	*dürfe*	*könne*	*möge*	*müsse*	*solle*	*wolle*
		wir	*dürfen*	*können*	*mögen*	*müssen*	*sollen*	*wollen*
		ihr	*dürfet*	*könnet*	*möget*	*müsset*	*sollet*	*wollet*
		sie	*dürfen*	*können*	*mögen*	*müssen*	*sollen*	*wollen*
Präteritum (Vergangenheits-form)	Indikativ (Wirklichkeitsform)	*ich*	*durfte*	*konnte*	*mochte*	*musste*	*sollte*	*wollte*
		du	*durftest*	*konntest*	*mochtest*	*musstest*	*solltest*	*wolltest*
		er/sie/es	*durfte*	*konnte*	*mochte*	*musste*	*sollte*	*wollte*
		wir	*durften*	*konnten*	*mochten*	*mussten*	*sollten*	*wollten*
		ihr	*durftet*	*konntet*	*mochtet*	*musstet*	*solltet*	*wolltet*
		sie	*durften*	*konnten*	*mochten*	*mussten*	*sollten*	*wollten*
	Konjunktiv II (Nicht-Wirklichkeitsform)	*ich*	*dürfte*	*könnte*	*möchte*	*müsste*	*sollte*	*wollte*
		du	*dürftest*	*könntest*	*möchtest*	*müsstest*	*solltest*	*wolltest*
		er/sie/es	*dürfte*	*könnte*	*möchte*	*müsste*	*sollte*	*wollte*
		wir	*dürften*	*könnten*	*möchten*	*müssten*	*sollten*	*wollten*
		ihr	*dürftet*	*könntet*	*möchtet*	*müsstet*	*solltet*	*wolltet*
		sie	*dürften*	*könnten*	*möchten*	*müssten*	*sollten*	*wollten*
		Partizip I	*dürfend*	*könnend*	*mögend*	*müssend*	*sollend*	*wollend*
		Partizip II	*gedurft*	*gekonnt*	*gemocht*	*gemusst*	*gesollt*	*gewollt*

Die alte Konjunktiv II-Form wird heute als eigenes Modalverb im Präsens verwendet; es weicht in der Bedeutung etwas von *mögen* ab:

Er mag Schokolade. = *Er isst gern Schokolade.*
Er möchte Schokolade. = *Er will Schokolade haben.*

14 Direkte und indirekte Rede

Tünnes und Schäl im Restaurant

direkte (wörtliche) Rede	indirekte Rede
Tünnes und Schäl sitzen im Restaurant. Tünnes bestellt: „Herr Ober, wir möchten Fisch essen." Der Ober antwortet: „Sehr wohl, die Herren, zwei Portionen Fisch."	*Tünnes und Schäl sitzen im Restaurant. Tünnes sagt zum Ober, dass sie gern Fisch essen würden. Der Ober antwortet, dass er zwei Portionen Fisch notiert habe.*
Während sie bei einem Glas Bier warten, leckt sich Tünnes schon die Lippen. „Ach Schäl, ich freue mich auf den leckeren Fisch.	*Während sie bei einem Glas Bier warten, leckt sich Tünnes die Lippen und meint, dass er sich schon auf den leckeren Fisch freue.*
Nach einer Weile bringt der Ober den Fisch. „Tut mir leid", sagt er, während er serviert, „es war nur noch ein großer und ein kleiner Fisch da." „Das macht nichts", meint Schäl, „stellen Sie sie hin."	*Nach einer Weile bringt der Ober den Fisch und sagt, während er serviert, dass es ihm leid tue, es sei nur noch ein großer und ein kleiner Fisch da. Schäl meint, dass das nichts mache und dass er sie hinstellen solle.*
Dann wendet er sich an Tünnes: „Komm, Tünn, nimm du zuerst!" Tünnes denkt nicht daran: „Aber ich bitte dich, Schäl, fang du an!" Nun wird Schäl ernst: „Aber Tünn, ich werde doch nicht so unhöflich sein. Du freust dich doch so auf den Fisch. Nimm!"	*Dann wendet er sich an Tünnes und fordert ihn auf, er solle zuerst nehmen. Tünnes denkt nicht daran, sondern bittet Schäl, er solle doch anfangen. Nun wird Schäl ernst und meint, er wolle doch nicht so unhöflich sein. Gerade Tünnes freue sich doch so auf den Fisch.*
Tünnes reicht es. „Also gut!" Er nimmt den großen Fisch. Nun regt sich Schäl aber auf: „Sag einmal, Tünn, hast du denn gar kein Benehmen?", ereifert er sich. „Nimmst zuerst den großen Fisch?"	*Tünnes reicht es. Er nimmt den großen Fisch. Nun regt sich Schäl aber auf und ereifert sich, ob Tünnes denn gar kein Benehmen habe. Wieso er zuerst den großen Fisch nehme?*
Tünnes fragt erstaunt: „Welchen hättest du denn genommen?" „Na, den kleinen", wirft Schäl ihm vor.	*Tünnes fragt erstaunt, welchen Schäl denn genommen hätte. Schäl antwortet, dass er natürlich den kleinen genommen hätte.*
„Dann schrei nicht so", schmunzelt Tünnes, „du hast ihn ja!"	*Tünnes schmunzelt, er solle nicht so schreien, er habe ihn ja.*
Man erzählt oder berichtet wörtlich, was andere gesagt haben. Dann nennt man diese Person als Sprecher und gibt ihre Rede wörtlich als direkte Rede wieder.	Man erzählt oder berichtet indirekt, was andere gesagt haben. Man lässt die Personen selbst nicht sprechen. Als Zeichen der indirekten Wiedergabe verwendet man den Konjunktiv, damit der Leser/Hörer merkt, dass nicht wörtlich zitiert wird.

15 Das Nomen im Überblick

Das Nomen/Substantiv (beide lateinischen Begriffe sind gebräuchlich) wird als einzige Wortart immer groß geschrieben. Das unterstreicht seine wichtige Rolle im Satz. Nomen werden dekliniert (gebeugt) und können nach Genus (Geschlecht) und Numerus (Zahl) unterschieden werden.

Nomen/Substantiv

Begleiter

bestimmter Artikel:	*der Mann, die Frau, das Kind*
unbestimmter Artikel:	*ein Mann, eine Frau, ein Kind*
andere Begleiter, zum Beispiel:	*kein, mein, dein, sein, ...*

Stellvertreter

Personalpronomen: *der Mann – er, die Frau – sie, das Kind – es*
andere Stellvertreter zum Beispiel: *dieser, jener, welcher, wer, niemand, jemand, etwas, nichts, man, ...*

das nominale Satzglied als

Subjekt Satzgegenstand	**Objekt** Satzergänzung	**adverbiale Bestimmung** Umstandsbestimmung	**Attribut** Beifügung
***Das Kind** spielt im Garten.*	*Das Kind singt **den Großeltern ein Lied** vor.*	*Das Kind spielt **im Garten.***	*Das Kind spielt im Garten **der Großeltern.***

Genus grammatisches Geschlecht		**Numerus** Zahl		**Kasus** Fall	
Maskulinum männlich	*der Mann* *der Löffel*	Singular Einzahl	*der Mann* *die Frau* *das Kind*	Nominativ Genitiv Dativ Akkusativ	1. Fall 2. Fall 3. Fall 4. Fall
Femininum weiblich	*die Frau* *die Gabel*				
Neutrum sächlich	*das Kind* *das Messer*	Plural Mehrzahl	*die Männer* *die Frauen*	Nominativ Genitiv Dativ Akkusativ	1. Fall 2. Fall 3. Fall 4. Fall

Deklination

starke Deklination		schwache Deklination	
der Mann	*das Kind*	*die Frau*	*der Mensch*
des Mannes	*des Kindes*	*der Frau*	*des Menschen*
dem Mann(e)	*dem Kind(e)*	*der Frau*	*dem Menschen*
den Mann	*das Kind*	*die Frau*	*die Menschen*
die Männer	*die Kinder*	*die Frauen*	*die Menschen*
der Männer	*der Kinder*	*der Frauen*	*der Menschen*
den Männern	*den Kindern*	*den Frauen*	*den Menschen*
die Männer	*die Kinder*	*die Frauen*	*die Menschen*
Besonderheiten: • keine femininen Nomen, nur Maskulinum und Neutrum • Endung *-(e)s* im Genitiv Singular		Besonderheiten: • alle femininen Nomen, auch Maskulinum, kein Neutrum • Endung *-(e)n* in allen Pluralformen	

Bei einigen Nomen/Substantiven sind im Nominativ Singular zwei verschiedene Formen möglich. Die gebräuchlichere ist markiert:

der Friede –	*der **Frieden***	*der **Funke*** –	*der Funken*
*der **Gedanke*** –	*der Gedanken*	*der **Glaube*** –	*der Glauben*
der Haufe –	*der **Haufen***	*der **Name*** –	*der Namen*
der Same –	*der **Samen***	*der **Wille*** –	*der Willen*

Einige Nomen/Substantive können stark oder schwach dekliniert werden:

der Ahn –	*des Ahnen/des Ahn(e)s*	*der Oberst* –	*des Obersten/des Obersts*
der Bauer –	*des Bauern/des Bauers*	*der Pfau* –	*des Pfauen/des Pfaus*
der Nachbar –	*des Nachbarn/des Nachbars*	*der Spatz* –	*des Spatzen/des Spatzes*

16 Die Pronomen im Überblick

	**Personalpronomen** persönliches Fürwort Es bindet den Text an die Situation, in der er gesprochen oder geschrieben wird: *ich* ist immer der, der etwas sagt; *du* ist der Angesprochene; über *er, sie, es* wird gesprochen.	*ich, du, er, sie, es; wir, ihr, sie, Sie*
	**Possessivpronomen** besitzanzeigendes Fürwort Es zeigt an, wem oder zu wem jemand oder etwas gehört.	*mein, meines, meinem, meinen;* *dein, sein, ihr, sein;* *unser, euer, ihr, Ihr*
	**Reflexivpronomen** rückbezügliches Fürwort Es bezieht sich auf die genannte Person oder den genannten Gegenstand zurück.	Dativ: *mir, dir, sich; uns, euch, sich* Akkusativ: *mich, dich, sich; uns, euch, sich*
	**Demonstrativpronomen** hinweisendes Fürwort Es zeigt auf jemanden oder etwas, auf den oder das man besonders hinweisen will. Demonstrativpronomen verweisen häufig auf etwas in der Situation, in der man spricht oder liest.	*der, die, das; die* (betont) *dieser, diese, dieses, diese* *jener, jene, jenes, jene* *derjenige, diejenige, dasjenige, diejenigen* *derselbe, dieselbe, dasselbe, dieselben* *solcher, solche, solches, solch (ein); solche*
	**Indefinitpronomen** unbestimmtes Fürwort Es nennt jemanden oder etwas, den oder das man nicht genau nennen kann oder will; oft ist es eine unbestimmte Anzahl. Die tatsächliche Größe wird jeweils aus dem Zusammenhang klar: *Viele* einer Schulklasse von 30 sind 25, *viele* in einem Zirkuszelt mit 400 Zuschauern sind über 300, *viele* von 20 000 Zuschauern in einem Fußballstadion sind weit über 10 000.	*alle, viele, wenige, jeder, jedermann,* *jemand, einzelne, irgendwelche, irgendwer,* *irgendwas, irgendein, manche, nichts,* *etwas, einige, ein paar, etliche, mehrere,* *sämtliche, kein, keiner, keine, keines*
	**Interrogativpronomen** Fragefürwort Es fragt nach etwas oder jemandem. Achtung: Fragewörter wie, *wann, wo, warum, wie* sind Frageadverbien.	*wer, wessen, wem, wen, was;* *welcher, welche, welches; welche*
	**Relativpronomen** Bezugsfürwort Es zeigt, an welches Wort ein Relativsatz angeschlossen ist: *Der Baum, dessen Blätter abgefallen sind.* Näheres zum Gebrauch auf Tafel 18.	*der, dessen, dem, den;* *die, deren, der, die;* *das, dessen, dem, das;* *die, deren, denen, die*

17 Die Deklination der Pronomen im Überblick

Personalpronomen (persönliches Fürwort)

Numerus Zahl	**Person**	**Genus** Geschlecht	**Nominativ** 1. Fall	**Genitiv** 2. Fall	**Dativ** 3. Fall	**Akkusativ** 4. Fall
Singular (Einzahl)	1. Person		*ich*	*meiner*	*mir*	*mich*
	2. Person		*du*	*deiner*	*dir*	*dich*
	3. Person	männlich	*er*	*seiner*	*ihm*	*ihn*
		weiblich	*sie*	*ihrer*	*ihr*	*sie*
		sächlich	*es*	*seiner*	*ihm*	*es*
Plural (Mehrzahl)	1. Person		*wir*	*unser*	*uns*	*uns*
	2. Person		*ihr*	*euer*	*euch*	*euch*
	3. Person		*sie*	*ihrer*	*ihnen*	*sie*

Possessivpronomen (besitzanzeigendes Fürwort)

Das Genus (Geschlecht) des Possessivpronomens richtet sich nach dem Genus des Nomens, bei dem es steht: *mein Ball, meine Puppe, mein Auto.*

Numerus Zahl	**Person**	**Kasus** Fall	**Singular** (Einzahl) Maskulinum	Femininum	Neutrum	**Plural** (Mehrzahl) alle Geschlechter
Singular	1. Person	Nominativ	*mein*	*meine*	*mein*	*meine*
		Genitiv	*meines*	*meiner*	*meines*	*meiner*
		Dativ	*meinem*	*meiner*	*meinem*	*meinen*
		Akkusativ	*meinen*	*meine*	*mein*	*meine*
	2. Person	Nominativ	*dein*	*deine*	*dein*	*deine*
		Genitiv	*deines*	*deiner*	*deines*	*deiner*
		Dativ	*deinem*	*deiner*	*deinem*	*deinen*
		Akkusativ	*deinen*	*deine*	*dein*	*deine*
	3. Person	Nominativ	*sein, ihr*	*seine, ihre*	*sein, ihr*	*seine, ihre*
		Genitiv	*seines, ihres*	*seiner, ihrer*	*seines, ihres*	*seiner, ihrer*
		Dativ	*seinem, ihrem*	*seiner, ihrer*	*seinem, ihrem*	*seinen, ihren*
		Akkusativ	*seinen, ihren*	*seine, ihre*	*sein, ihr*	*seine, ihre*
Plural (Mehrzahl)	1. Person	Nominativ	*unser*	*uns(e)re*	*unser*	*uns(e)re*
		Genitiv	*uns(e)res*	*uns(e)rer*	*uns(e)res*	*uns(e)rer*
		Dativ	*uns(e)rem*	*uns(e)rer*	*uns(e)rem*	*uns(e)ren*
		Akkusativ	*uns(e)ren*	*uns(e)re*	*unser*	*uns(e)re*
	2. Person	Nominativ	*euer*	*eu(e)re*	*euer*	*eu(e)re*
		Genitiv	*eu(e)res*	*eu(e)rer*	*eu(e)res*	*eu(e)rer*
		Dativ	*eu(e)rem*	*eu(e)rer*	*eu(e)rem*	*eu(e)ren*
		Akkusativ	*eu(e)ren*	*eu(e)re*	*euer*	*eu(e)re*
	3. Person	Nominativ	*ihr*	*ihre*	*ihr*	*ihre*
		Genitiv	*ihres*	*ihrer*	*ihres*	*ihrer*
		Dativ	*ihrem*	*ihrer*	*ihrem*	*ihren*
		Akkusativ	*ihren*	*ihre*	*ihr*	*ihre*

Reflexivpronomen (rückbezügliches Fürwort)

Das Reflexivpronomen *sich* wird nicht dekliniert (gebeugt). Für die 1. und 2. Person gibt es Ersatzformen, die den Formen der Personalpronomen entsprechen.

Numerus Zahl	**Person**	**Dativ** 3. Fall	**Akkusativ** 4. Fall
Singular (Einzahl)	1. Person	*mir*	*mich*
	2. Person	*dir*	*dich*
	3. Person	*sich*	*sich*
Plural (Mehrzahl)	1. Person	*uns*	*uns*
	2. Person	*euch*	*euch*
	3. Person	*sich*	*sich*

Demonstrativpronomen (hinweisendes Fürwort)

Die Demonstrativpronomen *dieser, diese, dieses* und *jener, jene, jenes* werden wie Adjektive dekliniert.

Interrogativpronomen (Fragefürwort)

Die Interrogativpronomen *welcher, welche, welches* werden wie Adjektive dekliniert.

Nominativ 1. Fall	**Genitiv** 2. Fall	**Dativ** 3. Fall	**Akkusativ** 4. Fall
wer, was	*wessen*	*wem*	*wen, was*

18 Relativpronomen und Relativsätze

Die Deklination (Beugung) richtet sich beim Relativpronomen (Bezugsfürwort) nach zweierlei: Genus (grammatisches Geschlecht) und Numerus (Zahl) richten sich nach den Bezugsnomen. Der Kasus (Fall) richtet sich nach der Funktion (Satzgliedrolle) des Relativpronomens im Relativsatz.

Genus und Numerus des Bezugsnomens Geschlecht und Zahl	**Beispielsatz**	**Funktion im Gliedsatz** Satzglied	**Kasus** Fall
Maskulinum, Singular männlich, Einzahl	*Peter, **der Katzen mag,** versorgt auch Petras Hund.*	**Subjekt: *der*** Satzgegenstand	**Nominativ** 1. Fall
Femininum, Singular weiblich, Einzahl	*Petra, **die Hunde lieber mag,** sorgt auch für Peters Katze.*	**Subjekt: *die*** Satzgegenstand	**Nominativ** 1. Fall
Neutrum, Singular sächlich, Einzahl	*Das Kätzchen, **das gern herumtollt,** mag den Hund als Spielgefährten.*	**Subjekt: *das*** Satzgegenstand	**Nominativ** 1. Fall
Maskulinum, Singular männlich, Einzahl	*Peter, **dessen Katze gern herumtollt,** mag Hunde auch.*	**Genitivattribut: *dessen*** Beifügung im 2. Fall	**Genitiv** 2. Fall
Femininum, Singular weiblich, Einzahl	*Petra, **deren Hund das Kätzchen gutmütig toleriert,** mag Katzen auch.*	**Genitivattribut: *deren*** Beifügung im 2. Fall	**Genitiv** 2. Fall
Neutrum, Singular sächlich, Einzahl	*Das Kätzchen, **dessen Spieltrieb manchmal nicht zu bremsen ist,** mag den Hund als Spielgefährten.*	**Genitivattribut: *dessen*** Beifügung im 2. Fall	**Genitiv** 2. Fall
Maskulinum, Singular männlich, Einzahl	*Peter, **dem Katzen lieb sind,** mag auch Hunde.*	**Dativobjekt: *dem*** Satzergänzung im 3. Fall	**Dativ** 3. Fall
Femininum, Singular weiblich, Einzahl	*Petra, **der auch das Kätzchen Spaß macht,** mag Hunde lieber.*	**Dativobjekt: *der*** Satzergänzung im 3. Fall	**Dativ** 3. Fall
Neutrum, Singular sächlich, Einzahl	*Das Kätzchen, **dem Peter das Futter bringt,** mag den Hund als Spielgefährten.*	**Dativobjekt: *dem*** Satzergänzung im 3. Fall	**Dativ** 3. Fall
Maskulinum, Singular männlich, Einzahl	*Peter, **den so schnell nichts aufregt,** ärgert der Hund.*	**Akkusativobjekt: *den*** Satzergänzung im 4. Fall	**Akkusativ** 4. Fall
Femininum, Singular weiblich, Einzahl	*Petra, **die so schnell nichts aufregt,** ärgert die Katze.*	**Akkusativobjekt: *die*** Satzergänzung im 4. Fall	**Akkusativ** 4. Fall
Neutrum, Singular sächlich, Einzahl	*Das Kätzchen, **das der Hund gutmütig toleriert,** ist manchmal nicht zu bremsen.*	**Akkusativobjekt: *das*** Satzergänzung im 4. Fall	**Akkusativ** 4. Fall
Maskulinum, Singular männlich, Einzahl	*Peter, **mit dem die Tiere gern spielen,** mag Katzen lieber.*	**Präpositionales Objekt: *mit dem*** Satzergänzung mit Verhältniswort	**Dativ** 3. Fall
Femininum, Singular weiblich, Einzahl	*Petra, **für die Peter gern den Hund hütet,** mag Hunde lieber.*	**Präpositionales Objekt: *für die*** Satzergänzung mit Verhältniswort	**Akkusativ** 4. Fall
Neutrum, Singular sächlich, Einzahl	*Das Kätzchen, **wegen dem der Hund sich manchmal in die Ecke trollt,** mag den Hund als Spielgefährten.*	**Präpositionales Objekt: *wegen dem*** Satzergänzung mit Verhältniswort	**Dativ** 3. Fall

19 Das Adjektiv im Überblick

Das Adjektiv gibt Eigenschaften und Bewertungen an. In Verbindung mit dem Nomen wird es dekliniert (gebeugt), in Verbindung mit dem Verb wird es undekliniert (ungebeugt) verwendet. Das Adjektiv kann gesteigert werden (Komparation). Es gibt eine Reihe von Endungen, an denen man Adjektive erkennen kann und mit denen man Adjektive aus Nomen oder Verben ableiten kann.

Adjektiv
(Eigenschaftswort, Wiewort) gibt Eigenschaften und Bewertungen an

von Lebewesen, Sachen, Gedanken beim Nomen/Substantiv		von Vorgängen beim Verb
als vorangestelltes, gebeugtes Attribut *die **rote** Ampel* *der **vorsichtige** Fahrer*	im Prädikat mit *ist* ungebeugt *Die Ampel ist **rot.*** *Der Fahrer ist **vorsichtig.***	wie ein Adverb ungebeugt *Die Ampel leuchtet **rot.*** *Der Fahrer fährt **vorsichtig.***

Die Partizipien der Verben können wie Adjektive gebraucht werden.

Partizip Präsens: *die **kochende** Suppe*
Partizip Perfekt: *die **gekochte** Suppe*

Wichtige Endungen beim Adjektiv

-bar:	*wunderbar, denkbar*	-haft:	*nahrhaft, fabelhaft*	-lich:	*glücklich, mütterlich*	-al:	*formal, kolossal*
-en:	*seiden, wollen*	-ig:	*glasig, riesig*	-sam:	*ratsam, biegsam*	-ell:	*formell, generell*
-ern:	*gläsern, hölzern*	-isch:	*herrisch, tierisch*	-abel:	*blamabel, respektabel*	-iv:	*aktiv, massiv*

Die Komparation
Steigerung

groß *fröhlich*	*größer* *fröhlicher*	*größte, am größten* *fröhlichste, am fröhlichsten*	*klein* *traurig*	*kleiner* *trauriger*	*kleinste, am kleinsten* *traurigste, am traurigsten*

Positiv Grundstufe	Komparativ Steigerungsstufe	Superlativ Höchststufe	Positiv Grundstufe	Komparativ Steigerungsstufe	Superlativ Höchststufe

Die Eigenschaften und Bewertungen, die das Adjektiv angibt, kann man vergleichen. Oft gibt es Gegenwörter. Beim Vergleich gibt es manchmal Probleme, ob man *als* oder *wie* benutzen soll; das trifft insbesondere für einige Gegenden Deutschlands zu, in denen *als* in der Mundart kaum vorkommt.
Zum Teil hat man mundartlich und umgangssprachlich eine besonders einfache Lösung gefunden, man sagt *als wie: Du bist auch nicht klüger als wie ich!*

Korrekt ist:
Beim Vergleich mit dem Komparativ, bei dem Ungleichheit festgestellt wird, benutzt man *als.*

Petra ist pünktlicher als Peter.
Peter ist jünger als Petra.

Beim Vergleich mit dem Positiv, bei dem Gleichheit festgestellt oder durch *nicht* direkt verneint wird, benutzt man *so ... wie.*

Peter ist heute ausnahmsweise so pünktlich wie Petra.
Petra ist nicht so jung wie Peter.

20 Die Deklination des Adjektivs im Überblick

Es gibt eine schwache und eine starke Deklination (Beugung) des Adjektivs. In der **schwachen Deklination** werden dieselben Endungen verwendet wie bei der schwachen Deklination des Nomens: in den meisten Fällen ist die Endung *-en*. Die schwache Deklination steht nach dem bestimmten Artikel.

Numerus Zahl	**Kasus** Fall	**Maskulinum** männlich	**Femininum** weiblich	**Neutrum** sächlich
Singular (Einzahl)	Nominativ (1. Fall)	*der bunte Strauß*	*die rote Rose*	*das weiße Veilchen*
	Genitiv (2. Fall)	*des bunten Straußes*	*der roten Rose*	*des weißen Veilchens*
	Dativ (3. Fall)	*dem bunten Strauß*	*der roten Rose*	*dem weißen Veilchen*
	Akkusativ (4. Fall)	*den bunten Strauß*	*die rote Rose*	*das weiße Veilchen*
Plural (Mehrzahl)	Nominativ (1. Fall)	*die bunten Sträuße*	*die roten Rosen*	*die weißen Veilchen*
	Genitiv (2. Fall)	*der bunten Sträuße*	*der roten Rosen*	*der weißen Veilchen*
	Dativ (3. Fall)	*den bunten Sträußen*	*den roten Rosen*	*den weißen Veilchen*
	Akkusativ (4. Fall)	*die bunten Sträuße*	*die roten Rosen*	*die weißen Veilchen*

Die **starke Deklination** wird verwendet, wenn kein Artikel vorausgeht. Hier übernimmt das Adjektiv die Aufgabe, die richtige Endung für den Kasus vor das Nomen zu stellen:
*de**r** bunte Strauß – bunte**r** Strauß, da**s** weiße Veilchen – weiße**s** Veilchen*

Numerus Zahl	**Kasus** Fall	**Maskulinum** männlich	**Femininum** weiblich	**Neutrum** sächlich
Singular (Einzahl)	Nominativ (1. Fall)	*bunter Strauß*	*rote Rose*	*weißes Veilchen*
	Genitiv (2. Fall)	*bunten Straußes*	*roter Rose*	*weißen Veilchens*
	Dativ (3. Fall)	*buntem Strauß*	*roter Rose*	*weißem Veilchen*
	Akkusativ (4. Fall)	*bunten Strauß*	*rote Rose*	*weißes Veilchen*
Plural (Mehrzahl)	Nominativ (1. Fall)	*bunte Sträuße*	*rote Rosen*	*weiße Veilchen*
	Genitiv (2. Fall)	*bunter Sträuße*	*roter Rosen*	*weißer Veilchen*
	Dativ (3. Fall)	*bunten Sträußen*	*roten Rosen*	*weißen Veilchen*
	Akkusativ (4. Fall)	*bunte Sträuße*	*rote Rosen*	*weiße Veilchen*

Wenn der unbestimmte Artikel *ein* vorangeht, wenn *kein* vorangeht und wenn die Possessivpronomen *mein, dein, sein, ihr, unser, euer, ihr* vorangehen, gibt es eine Mischung aus starken und schwachen Formen, die **gemischte Deklination.** Beim unbestimmten Artikel gibt es hier keine Pluralformen.

Numerus Zahl	**Kasus** Fall	**Maskulinum** männlich	**Femininum** weiblich	**Neutrum** sächlich
Singular (Einzahl)	Nominativ (1. Fall)	*ein bunter Strauß*	*eine rote Rose*	*ein weißes Veilchen*
	Genitiv (2. Fall)	*eines bunten Straußes*	*einer roten Rose*	*eines weißen Veilchens*
	Dativ (3. Fall)	*einem bunten Strauß*	*einer roten Rose*	*einem weißen Veilchen*
	Akkusativ (4. Fall)	*einen bunten Strauß*	*eine rote Rose*	*ein weißes Veilchen*
Plural (Mehrzahl)	Nominativ (1. Fall)	*deine bunten Sträuße*	*ihre roten Rosen*	*keine weißen Veilchen*
	Genitiv (2. Fall)	*deiner bunten Sträuße*	*ihrer roten Rosen*	*keiner weißen Veilchen*
	Dativ (3. Fall)	*deinen bunten Sträußen*	*ihren roten Rosen*	*keinen weißen Veilchen*
	Akkusativ (4. Fall)	*deine bunten Sträuße*	*ihre roten Rosen*	*keine weißen Veilchen*

21 Das Adverb im Überblick

Adverbien (Umstandswörter) drücken Umstände des Geschehens aus. Sie werden nicht dekliniert (gebeugt). Es gibt zwei Endungen, mit denen man Adverbien aus Nomen oder Adjektiven ableiten kann, *-s* und *-weise: morgens, abends, mittwochs, abseits, glücklicherweise, dummerweise, ...*
Achtung: Das Adverb ist eine Wortart, die man nicht mit dem Satzglied „adverbiale Bestimmung“ verwechseln darf.
Adverbien können vielfältige Bedeutung ausdrücken und haben verschiedene Aufgaben im Satz. Nicht immer stehen sie beim Verb, wie die wörtliche Übersetzung von „Adverb“ (zum Verb gehörig) vermuten ließe.

Bedeutungsleistung der Adverbien

Zeitpunkt und Dauer **temporal** Frageadverbien wann? wie lange?	*jetzt, sofort, gleich, neulich, vorhin, noch, demnächst, bald, da, dann, damals, unlängst, morgens, mittags, abends, nachts, tagsüber, lange, zeitlebens, immer, stets, oft, oftmals*
Ort, Raum, Richtung **lokal, direktional** Frageadverbien: wie? wohin? woher? worüber?	*hier, dort, oben, unten, außen, draußen, drinnen, innen, da, daheim, vorn, hinten, rechts, links, daher, dahin, vorwärts, rückwärts, seitwärts, heimwärts, aufwärts, abwärts, bergauf, bergab, drum herum, kopfüber, kopfunter, drüber, drunter*
Art und Weise **modal** Frageadverbien: wie? womit? wodurch?	*anders, gern, sehr, vergebens, hiermit, so, gar, sogar, umsonst, fast, nur, kaum, vielleicht, nicht, sicherlich, leider, hoffentlich, etwa, zweifellos, zweifelsohne, noch, unversehens, oft, einmal, nochmal, erstmals, mehrmals, wieder, halt, auch, möglicherweise, netterweise*
Ursache, Grund, Folge, Zweck, Bedingung **kausal** Frageadverbien: warum? weshalb? wozu? wieso? weswegen? wofür? wodurch?	*da, darum, daher, folglich, deshalb, deswegen, trotzdem, dennoch, somit, also, denn, dadurch, infolgedessen, nichtsdestotrotz, dazu, dafür*

Gebrauch der Adverbien

Adverbien bestimmen das Verb im Prädikat näher.	*Der Weg führt **links** den Berg hinauf, dort steht **rechts** ein Haus.*
Adverbien bestimmen Adjektive und wie Adjektive gebrauchte Partizipien näher.	***sehr** groß, **so** weit, **recht** vielversprechend, **gern** gehört*
Adverbien dienen als Fragewörter. Sie leiten auch Gliedsätze ein.	*wann? wo? wohin? warum? wieso? weshalb?* *Sie fragte, **wann** er kommen wollte.*
Adverbien verbinden Hauptsätze, ähnlich wie die Konjunktionen (Bindewörter).	*Er fuhr langsam den Berg hinauf, **dann** bog er in die Eichenstraße ein.*
Fast alle Adjektive können wie Adverbien verwendet werden. Sie werden als dekliniertes Adjektiv *(frische)* oder undekliniert adverbial *(frisch)* gebraucht.	*Das hat mir **gut** gefallen.* *Es gibt frische und **frisch** geräucherte Fische.*

22 Adverbialsätze – Konjunktionalsätze

Adverbialsätze werden gewöhnlich durch Konjunktionen (Bindewörter) eingeleitet; deshalb nennt man sie auch Konjunktionalsätze. Weil diese Konjunktionen Gliedsätze/Nebensätze einleiten und einem Hauptsatz unterordnen, nennt man sie auch subordinierende (unterordnende) Konjunktionen. Durch die Wahl der Konjunktion erhalten die Adverbialsätze eine bestimmte Bedeutung.

Temporalsatz Zeit betreffend	***Als** der Zug durch den Tunnel fuhr,* *gingen die Lichter an.*	*als, bevor, ehe, nachdem, seitdem, bis, sobald, während, wenn, solange ... wie, sooft ... wie*
Kausalsatz Grund angebend	***Weil** der Zug durch den Tunnel fuhr,* *gingen die Lichter an.*	*weil, da, zumal*
Konditionalsatz Bedingung angeben	***Wenn** Züge durch den Tunnel fahren,* *gehen die Lichter an.*	*wenn, falls, sofern, soweit*
Konzessivsatz Einräumung machend	***Obwohl** der Zug durch den Tunnel fuhr,* *gingen die Lichter nicht an.*	*obwohl, obgleich, obschon, obzwar, wenngleich, wenn auch, wiewohl, ungeachtet*
Konsekutivsatz Folge betreffend	*Im Tunnel gingen die Lichter an,* ***sodass** das Abteil hell erleuchtet war.*	*sodass, als dass, dass*
Finalsatz Zweck betreffend	*Im Tunnel gehen die Lichter an,* ***damit** sich die Reisenden orientieren können.*	*damit, dass, auf dass*
Modalsatz Art und Weise, Mittel angebend	*Der Schaffner sorgt für bessere Beleuchtung,* ***indem** er das Licht anknipst.*	*indem, ohne dass, anstatt dass, insofern, insoweit, soviel, sofern, soweit, wie, als, als ob, als wenn, wie wenn, dadurch ... dass, je ... desto*
Adversativsatz Gegensatz ausdrückend	***Anstatt dass** er sich am Kartenspiel beteiligte,* *machte er ein Nickerchen.*	*anstatt dass, als dass, ehe, während*
Komparativsatz Vergleich angebend	***Wie** wir das immer tun,* *haben wir auch diesmal Proviant mitgenommen.*	*wie*

23 Die Präpositionen im Überblick

Die Präpositionen (Fügewörter, Verhältniswörter) sind wichtige Bausteine im Satz. Die drei Bezeichnungen drücken die drei wichtigsten Leistungen der Präpositionen bei der Einfügung von Nomen und Pronomen in den Satz aus.

Präposition	Fügewort	Verhältniswort
Präposition bedeutet wörtlich „Stelle davor“. In Texten stehen Präpositionen meistens vor dem Nomen und seinen Begleitern oder vor einem Pronomen. ***in*** *dem Garten,* ***in*** *das Haus,* ***auf*** *der Treppe,* ***am*** *Fenster* Manche Präpositionen können auch nachgestellt sein. *den Weg* ***entlang,*** *der Berg* ***hinauf*** Einige zweiteilige Präpositionen stehen um das Nomen oder Pronomen herum. ***um*** *des lieben Friedens* ***willen***	Der deutsche Name Fügewort drückt aus, dass Präpositionen Nomen und ihre Begleiter (das nominale Satzglied) oder ein Pronomen in den Satz einfügen. ***Im*** *großen Garten* ***hinter*** *dem Haus bauten sie eine Hütte* ***für*** *ihren Hund (****für*** *ihn).* Die Präpositionen bestimmen den Kasus (Fall) des nachfolgenden Satzgliedes (Folgekasus, Kasusrektion). bei WEM? – ***bei*** *mir* (Dativ) für WEN? – ***für*** *dich* (Akkusativ) Bei manchen Präpositionen wird durch den Folgekasus die Bedeutung festgelegt. WO? – ***unter*** *dem Tisch* (Dativ) WOHIN? – ***unter*** *den Tisch* (Akkusativ)	Der deutsche Name Verhältniswort drückt aus, dass Präpositionen verschiedene Bedeutungsverhältnisse anzeigen. Ort und Raum ***in*** *dem Haus,* ***unter*** *dem Tisch* Zeitpunkt und Zeitdauer ***um*** *fünf Uhr,* ***am*** *Montag,* ***in*** *zwei Tagen,* ***nach*** *vier Wochen* Art und Weise, Begleitumstände ***mit*** *Gefühl,* ***ohne*** *Mühe,* ***bei*** *dieser Ausgangslage* Grund, Ursache, Zweck ***wegen*** *des schlechten Wetters,* ***aus*** *diesem Anlass,* ***mit*** *guten Gründen,* ***trotz*** *der Bedenken*

Präpositionen mit dem Dativ – Frage: Wem?	Präpositionen mit Dativ – Frage: Wo? oder Akkusativ – Frage: Wohin?	Präpositionen mit dem Akkusativ – Frage: Wen?
mit, nach, nächst, nebst, samt, *bei, seit, von, zu, zuwider,* *entgegen, gegenüber, außer, aus* schreib mit dem Dativ nieder. Dazu noch: *dank, binnen, entsprechend, gemäß, laut, exklusive, inklusive, qua, vis-à-vis*	*an, auf, hinter, neben, in,* *über, unter, vor* und *zwischen* stehen mit dem vierten Fall, wenn man fragen kann: Wohin? Mit dem dritten stehen sie so, dass man nur kann fragen: Wo?	*durch, für, ohne, um,* *sondern, gegen, wider* schreibe mit dem vierten Fall, nie mit dem dritten nieder. Dazu noch: *bis* und *außer* nach Verben der Bewegung *(außer allen Zweifel setzen), à, per, pro*

Präpositionen mit dem Genitiv – Frage: Wessen?	Präpositionen beim Verb
Eine ganze Reihe von Präpositionen fordern den Genitiv (2. Fall). *abseits, anlässlich, anstatt, anstelle, aufgrund, außerhalb, diesseits, infolge, inmitten, innerhalb, jenseits, kraft, mittels, ob, oberhalb, seitens, statt, um … willen, ungeachtet, unterhalb, unweit, vermittels, vermöge, von … wegen, während, zeit, zugunsten*	Auch beim Verb spielen die Präpositionen eine wichtige Rolle, weil sie als – meistens abtrennbare – Präfixe (Vorsilben) hinzutreten können. *abfahren, anfahren, auffahren, ausfahren, durchfahren, einfahren, herfahren, hereinfahren, hinfahren, hinauffahren, hinausfahren, mitfahren, nachfahren, überfahren, vorfahren, vorausfahren, vorbeifahren, wegfahren, zurückfahren* *abführen, anführen, aufführen, ausführen, durchführen, einführen, herausführen, herbeiführen, hereinführen, hinführen, hinausführen, hineinführen, mitführen, überführen, unterführen, vorführen, vorausführen, vorbeiführen, wegführen, zuführen, zurückführen*

24 Präposition und Folgekasus

Akkusativ: WOHIN? 4. Fall	**Präposition und Kasus** Verhältniswort und Fall	**Dativ: WO?** 3. Fall
	*Er lehnt das Fahrrad an die Mauer.* **an** *Das Fahrrad lehnt an der Mauer.*	
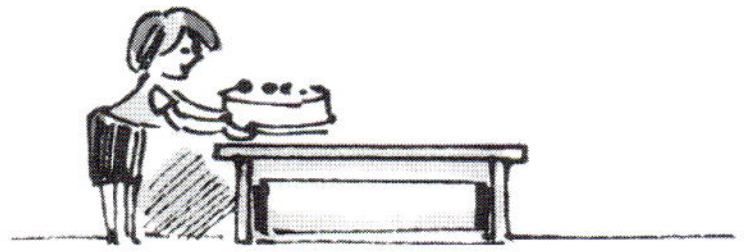	*Sie stellt den Kuchen auf den Tisch.* **auf** *Der Kuchen steht auf dem Tisch.*	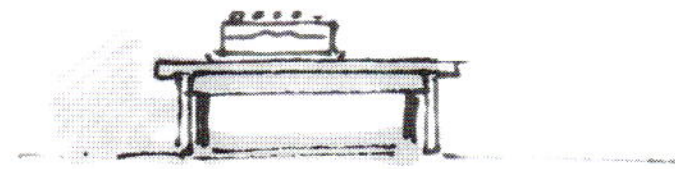
	*Die Katze kriecht hinter das Sofa.* **hinter** *Die Katze sitzt hinter dem Sofa.*	
	*Die Pinguine springen in das Wasser.* **in** *Die Pinguine schwimmen in dem Wasser.*	
	*Er legt den Stift neben das Buch.* **neben** *Der Stift liegt neben dem Buch.*	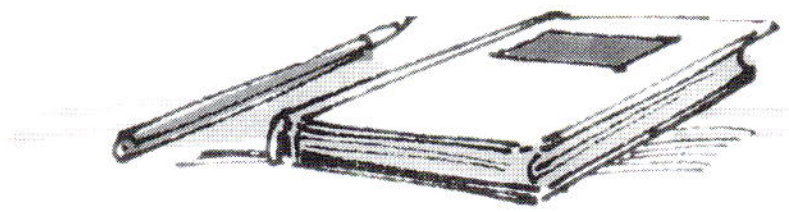
	*Sie hängt das Bild über das Sofa.* **über** *Das Bild hängt über dem Sofa.*	
	*Der Hund springt unter den Tisch.* **unter** *Der Hund liegt unter dem Tisch.*	
	*Sie setzt sich vor den Fernseher.* **vor** *Sie sitzt vor dem Fernseher.*	
	*Das Auto fährt zwischen den Bus und den LKW.* **zwischen** *Das Auto steht zwischen dem Bus und dem LKW.*	

25 Redeabsichten – Satzarten

Für die verschiedenen Redeabsichten stellt die Sprache drei Satzarten und drei Satzschlusszeichen zur Verfügung. Die Satzarten sind durch die Verbstellung und die Satzzeichen eindeutig gekennzeichnet. Beim Sprechen tritt jedoch die Satzmelodie dazu, wodurch vielfältige Variationen möglich werden.

Satzart	Verbstellung	Fragewort	Satzzeichen
Aussagesatz	2. Stelle	nein	Punkt
Aufforderungssatz	1. Stelle	nein	Ausrufezeichen
Fragesatz			
Entscheidungsfrage	1. Stelle	nein	Fragezeichen
Ergänzungsfrage	2. Stelle	ja	Fragezeichen

Aussage	Satzart	Satzzeichen	Redeabsicht
Achtung an Gleis 3, der IC Ludwig Uhland aus Stuttgart nach Hamburg über Essen fährt gleich ein.	Aussagesatz	Punkt	mitteilen
Bitte von der Bahnsteigkante zurücktreten!	Aufforderungssatz	Ausrufezeichen	bitten, auffordern
Grüß Walter und seinen Hund!	Aufforderungssatz	Ausrufezeichen	auffordern
Rufst du gleich an?	Fragesatz	Fragezeichen	fragen, auch auffordern
Der Zug nach Amsterdam ist schon weg?	Aussagesatz	Fragezeichen	fragen
Ja, da fährt er gerade.	Aussagesatz	Punkt	mitteilen
Nehmen Sie den Zug nach Hannover und steigen Sie in Duisburg um!	Aufforderungssatz	Ausrufezeichen	auffordern, auch mitteilen
Wo fährt der?	Fragesatz	Fragezeichen	fragen
Der fährt hier auf Gleis 2.	Aussagesatz	Punkt	mitteilen
Der Koffer ist sehr schwer.	Aussagesatz	Punkt	auffordern, auch mitteilen
Kann mir jemand helfen?	Fragesatz	Fragezeichen	auffordern
Wann fährt der Zug nach Regensburg?	Fragesatz	Fragezeichen	fragen
Da müssen Sie sich beeilen!	Aussagesatz	Ausrufezeichen	auffordern, auch mitteilen
Laufen Sie schnell dort durch die Unterführung!	Aufforderungssatz	Ausrufezeichen	auffordern

26 Satzglieder und Gliedsätze im Überblick

Subjekt
Satzgegenstand

drückt aus: Wer oder was etwas ist, etwas tut, geschieht; ist somit Handelnder, Geschehnisträger.

besteht aus: Nomen oder Pronomen. Beim Nomen steht meist der Artikel, oft ein oder mehrere Attribute.
__Der Pinguin__ will jetzt schwimmen.
__Er__ freut sich auf das Wasser.
Heute ist __das Wasser__ besonders kalt.
Wie immer wird ihn __sein dichtes Gefieder__ vor Nässe und Kälte schützen.

Hilfsfrage: Wer? Was?

ersetzbar durch: Subjektsatz, häufig durch *dass* eingeleitet, aber auch mit *wer, was, welcher.*
__Wer Pinguine beobachtet,__ hat bestimmt viel Spaß.

Stellung: Häufig am Satzanfang, sonst meist direkt hinter dem gebeugten Verb des Prädikats. Es können jedoch andere kurze Satzglieder eingeschoben werden.

Besonderheit: Steht immer im Nominativ (1. Fall).

Prädikat
Satzaussage

drückt aus: Was es ist, das geschieht, getan wird, stattfindet; ist somit eine Aussage über das Subjekt,

besteht aus: Verb in einer flektierten (gebeugten) Form. Bei reflexiven Verben gehört *sich* dazu.
Der Pinguin __will__ jetzt __schwimmen.__
Er __freut sich__ auf das Wasser.
Heute __ist__ das Wasser besonders kalt.
Wie immer __wird__ ihn sein dichtes Gefieder vor Nässe und Kälte __schützen.__

Hilfsfrage: Was tut? Was geschieht?

Stellung:
- Im Aussagesatz steht die Personalform als 2. Satzglied: *Der Pinguin __springt__ ins Wasser.*
  Bei zusammengesetzten Zeiten, Verben mit trennbarem Präfix (Vorsilbe) und bei Verwendung von Modalverben entsteht eine Prädikatsklammer (Verbklammer): *Der Pinguin __ist__ ins Wasser __gesprungen.__*
- Im Aufforderungssatz steht die Personalform an 1. Stelle: *__Spring__ ins Wasser, Pinguin!*
- Im Fragesatz (Entscheidungsfrage) steht die Personalform an 1. Stelle: *__Springst__ du endlich?*
- Im Fragesatz (W-Frage) steht die Personalform an 2. Stelle hinter dem Fragewort: *Wer __springt__ ins Wasser?*
- In Gliedsätzen/Nebensätzen steht die Personalform meist am Ende: *Ich glaube, dass er jetzt __schwimmen will.__*

Besonderheit: Ist im Satz nicht ersetzbar.

Prädikativ
auch: Prädikatsnomen

drückt aus: Etwas wird etwas, bleibt etwas, ist etwas.

besteht aus: Ergänzung zu den Verben *sein, werden, bleiben*
- als Gleichsetzungsnominativ: *Das Wasser ist __Salzwasser.__*
- als prädikatives Adjektiv: *Das Wetter wird heute __schön.__*
- als Adverb: *Wir bleiben __hier.__*
- als Prädikativsatz: *Gut ist, __dass man die Grammatik erklären kann.__*
  Die Frage ist, __ob man die Erklärungen versteht.__

Stellung: Nach Subjekt und Prädikat

Besonderheit: Dieses Satzmuster wird auch *ist*-Prädikation genannt.

27 Satzglieder und Gliedsätze im Überblick

Akkusativobjekt Satzergänzung im 4. Fall	
drückt aus:	Wen oder was eine Handlung oder ein Geschehen in direkter Weise betrifft.
besteht aus:	Nomen oder Pronomen. Beim Nomen steht meist der Artikel, oft ein oder mehrere Attribute. *Der Pinguin frisst am liebsten **Fische.*** *Er fischt **sie** aus dem Wasser.*
Hilfsfrage:	Wen? Was?
ersetzbar durch:	Objektsatz, meist mit *dass* eingeleitet; oder durch satzwertigen Infinitiv mit *zu.* *Wir verabreden **einen Zoobesuch.*** *Wir verabreden, **dass wir den Zoo besuchen.*** *Wir verabreden(,) **den Zoo zu besuchen.*** In einem besonderen Fall ist auch die Ersetzung durch einen indirekten Fragesatz möglich. *Ich weiß **das** nicht. – Ich weiß nicht, **ob ich mitkommen kann.***
Stellung:	Je nach Bezug und Bedeutung oder Betonung im Satz entweder am Satzanfang, am Satzende oder beim Verb.
Besonderheit:	Einige Verben erfordern ein zweites Akkusativobjekt, den Gleichsetzungsakkusativ. *Wir nennen **den Pinguin einen Watschelkellner.***
Dativobjekt Satzergänzung im 3. Fall	
drückt aus:	Wem etwas gilt, gleicht, zugedacht ist.
besteht aus:	Nomen oder Pronomen. Beim Nomen steht meist der Artikel, oft ein oder mehrere Attribute. *Pinguine sehen **kleinen Kellnern** ähnlich.* ***Manchen** fehlt nur das Tablett zum Servieren.*
Hilfsfrage:	Wem?
Stellung:	Je nach Bezug und Bedeutung oder Betonung im Satz entweder am Satzanfang, am Satzende oder beim Verb.
Besonderheit:	Manche Adjektive fordern als Ergänzung ein Dativobjekt: *ähnlich wem?*
Genitivobjekt Satzergänzung im 2. Fall	
Besonderheit:	Nur noch bei wenigen Verben üblich; wird häufig durch ein Präpositionalobjekt ersetzt. *Sie erinnerten sich **der lustigen Pinguine.** – Sie erinnerten sich **an die lustigen Pinguine.***
Präpositionalobjekt Satzergänzung mit Verhältniswort	
drückt aus:	Für, durch, auf, neben usw. wem, wen oder was etwas getan wird.
besteht aus:	Präposition und Nomen oder Pronomen. Beim Nomen steht meist der Artikel, oft ein oder mehrere Attribute. *Die Pinguine fürchten sich nicht **vor kaltem Wasser.** Es gibt **unter ihnen** selten Streit.* *Wir freuen uns **auf die Pinguine** und **auf den Zoobesuch.***
Hilfsfrage:	Enthält jeweils die Präposition: vor was? unter wem, auf wen?
Stellung:	Je nach Bezug und Bedeutung oder Betonung im Satz entweder am Satzanfang, am Satzende oder beim Verb.
ersetzbar durch:	Gliedsatz, eingeleitet durch *darüber, dass ...; dafür, dass ...* usw. *Wir freuen uns **über die Pinguine.** – Wir freuen uns **darüber, dass wir die Pinguine sehen.***
Besonderheit:	• Manche Adjektive fordern bestimmte Ergänzungen: *ängstlich wovor? besorgt um wen oder was?* • Die Übergänge zwischen Präpositionalobjekt und adverbialer Ergänzung sind fließend.

Satzglieder und Gliedsätze im Überblick

Attribut
Beifügung

drückt aus: Nähere Bestimmung eines Nomens/Substantivs oder Pronomens, die selbst in einem Satzglied stehen. Deshalb sind Attribute Satzglieder 2. Ordnung.

besteht aus: Viele Erscheinungsformen; besonders häufig Adjektive, auch Nomen mit Artikel.
*Der **lustige** Pinguin springt in das **kalte** Wasser **des Beckens.***

Hilfsfrage: Wie ist es? Was für ein ... ist es?

ersetzbar durch:
- Attributsatz, der gewöhnlich durch ein Relativpronomen eingeleitet wird und dann auch Relativsatz heißt.
  *Wir staunen über den **pfeilschnellen** Pinguin.*
  *Wir staunen über den Pinguin, **der pfeilschnell durch das Wasser saust.***
- Parenthese, einen nachgeschobenen Hauptsatz, der meist durch Gedankenstriche eingerahmt ist.
  ***Antarktische** Pinguine sind hervorragende Schwimmer.*
  *Pinguine – **sie stammen aus der Antarktis** – sind hervorragende Schwimmer.*

Stellung: Vor oder nach dem Bezugswort.

Besonderheit: Zwei Formen werden in Grammatiken immer besonders hervorgehoben:
- Apposition (Beistellung im gleichen Fall): *der Pinguin, **ein Vogel der Antarktis, ...***
- Genitivattribut (Beifügung mit verschiedenen Bedeutungsleistungen): *ein Vogel **der Antarktis; Peters** Pinguin*

Adverbiale Bestimmung
Umstandsbestimmung

drückt aus: Umstände des Geschehens: Ort, Zeit, Art und Weise, Grund.

besteht aus: Viele unterschiedliche Erscheinungsformen.
***Seit einer halben Stunde** halten wir uns **vergnügt im Pinguinhaus neben dem Seehundbecken** auf.*

Hilfsfrage:
Wo? Wohin? – adverbiale Bestimmung des Ortes
Wann? Wie lange? – adverbiale Bestimmung der Zeit
Wie? – adverbiale Bestimmung der Art und Weise
Warum? – adverbiale Bestimmung des Grundes

Stellung: Je nach Bezug und Bedeutung oder Betonung im Satz entweder am Satzanfang, am Satzende oder beim Verb.

ersetzbar durch:
- Adverbialsatz, eingeleitet durch Konjunktionen *(weil, wenn, als, ...)* und deshalb auch Konjunktionalsatz genannt.
  ***Wegen der Fütterung um 14 Uhr** beeilen wir uns$_{(,)}$ zum Pinguinhaus zu kommen.*
  ***Weil die Fütterung um 14 Uhr beginnt,** beeilen wir uns$_{(,)}$ zum Pinguinhaus zu kommen.*
- Satzwertiger Infinitiv, eingeleitet durch *um zu, ohne zu, anstatt zu, ...*
  ***Wegen der Löwenfütterung** gehen wir dann schnell zum Löwenhaus.*
  ***Um die Löwenfütterung nicht zu verpassen**$_{(,)}$ gehen wir dann schnell zum Löwenhaus.*
- Satzwertiges Partizip.
  ***Mit lautem Fauchen und Brüllen** machen sich die Löwen über das Fleisch her.*
  ***Laut fauchend und brüllend** machen sich die Löwen über das Fleisch her.*
- Nicht eingeleitete Sätze, die immer vor dem Hauptsatz stehen und an deren Stelle auch ein *wenn*-Satz stehen könnte.
  ***Bei mehr Beeilung** wären wir nicht zu spät gekommen.*
  ***Hätten wir uns mehr beeilt,** wären wir nicht zu spät gekommen.*
  ***Wenn wir uns mehr beeilt hätten,** wären wir nicht zu spät gekommen.*

Besonderheit:
- Normalerweise sind adverbiale Bestimmungen freie, nicht notwendige Erweiterungen des Satzes.
- Manche Verben und Adjektive fordern aber zwingend Angaben zu Raum, Zeit oder Grund.
  Diese notwendigen adverbialen Ergänzungen werden in manchen Grammatiken auch Raumergänzung, Zeitergänzung, Begründungsergänzung genannt.
  *Er ist wohnhaft **in Köln.***
  *Es dauerte **eine Stunde.***

29 Das Satzgefüge im Überblick

Satzgefüge bestehen aus einem Hauptsatz und einem oder mehreren Gliedsätzen/Nebensätzen. Diese stehen an der Stelle von Satzgliedern, worauf die Bezeichnung „Gliedsatz“ besonders hinweist. Gliedsätze/Nebensätze erkennt man am Einleitewort und daran, dass das Verb fast immer am Ende steht, während es im Hauptsatz an zweiter Stelle steht: *Er **kam** zu spät, weil der Wagen nicht **ansprang.*** Hauptsatz und Gliedsatz werden durch Komma getrennt. Eingeschobene Gliedsätze werden vorn und hinten durch Komma eingeschlossen. Genauso wie Gliedsätze werden im Satzgefüge Infinitivsätze und Partizipialsätze behandelt; ein Komma kann stehen, muss es aber nicht (vgl. Tafel 32).

Satzgefüge aus Hauptsatz und Gliedsatz/Nebensatz	Gliedsatz/ Nebensatz vorangestellt	*Weil der Wagen nicht ansprang,* ***kam er zu spät.***	GS, **HS.**
		Um keine Parkprobleme zu bekommen(,) ***nahm er den Bus.***	INF(,) **HS.**
		Außer Atem an der Haltestelle angekommen(,) ***sprang er in den Bus.***	PART(,) **HS.**
	Gliedsatz/ Nebensatz nachgestellt	***Er kam zu spät,*** *weil der Wagen nicht ansprang.*	**HS(,)** GS.
		Er nahm den Bus(,) *um keine Parkprobleme zu bekommen.*	**HS(,)** INF.
		Er sprang in den Bus(,) *außer Atem an der Haltestelle angekommen.*	**HS(,)** PART.
	Gliedsatz/ Nebensatz eingeschoben	***Er kam,*** *weil der Wagen nicht ansprang,* ***zu spät.***	**H,** GS, **S.**
		Er nahm(,) *um keine Parkprobleme zu bekommen(,)* ***den Bus.***	**H(,)** INF(,) **S.**
		Er sprang(,) *außer Atem an der Haltestelle angekommen(,)* ***in den Bus.***	**H(,)** PART(,) **S.**
Satzgefüge aus Hauptsatz und mehreren Gliedsätzen	Gliedsätze/ Nebensätze unabhängig	*Obwohl er das Haus pünktlich verließ,* ***kam er zu spät,*** *weil der Wagen nicht ansprang.*	GS, **HS,** GS.
	Gliedsätze/ Nebensätze aneinandergereiht	*Weil der Wagen nicht ansprang und weil er den Bus verpasste,* ***kam er zu spät.***	GS und GS, **HS.**
	Gliedsätze/ Nebensätze von Gliedsätzen abhängig	***Er nahm den Bus,*** *der in die Stadt fuhr, wo er mit Ulrike einkaufen wollte, die im Café auf ihn wartete.*	**HS,** GS, GS, GS.

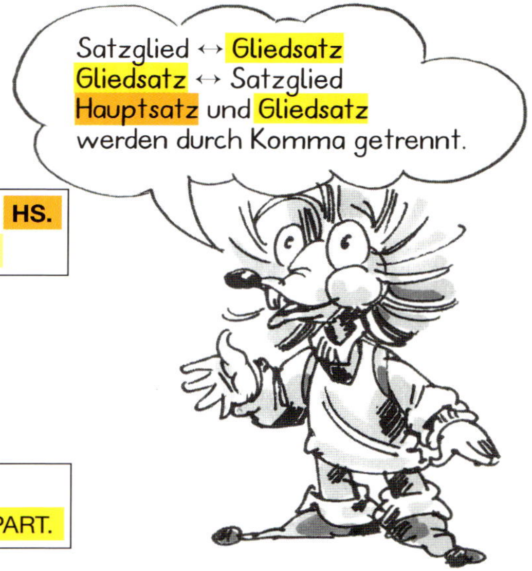